The Gig Bag Book of

PICTURE CHORDS

for all Guitarists

Over 1,000 standard chord forms presented in easy-to-read diagrams and clear, close-up photos.

Compiled by Len Vogler

Amsco Publications
New York/London/Sydney

Cover photograph of guitar courtesy of Washburn International
Interior design and layout by Len Vogler

Order No. AM 931238
US International Standard Book Number: 0.8256.1486.4
UK International Standard Book Number: 0.7119.5424.1

Exclusive Distributors:
Music Sales Limited
8/9 Frith Street, London W1V 5TZ England

Music Sales Corporation
257 Park Avenue South, New York, NY 10010 USA

Music Sales Pty. Limited
120 Rothschild Street, Rosebery, Sydney, NSW 2018, Australia

Printed in the United States of America by
Vicks Lithograph and Printing Corporation

THE CHORD DIAGRAM

The chords are displayed as diagrams that represent the fingerboard of the guitar. There are six vertical lines representing the six strings of the guitar. Horizontal lines represent the frets. The strings are arranged with the high E (first, or thinnest) string to the right, and the low E (sixth, or thickest) to the left. The black circles indicate at which fret the finger is to be placed and the number tells you which finger to use. At the top of the diagram there is a thick black line indicating the nut of the guitar. Diagrams for chords up the neck just have a fret line at the top with a Roman numeral to the right to identify the first fret of the diagram. Above the chord diagram you will occasionally see x's and o's. An x indicates that the string below it is either not played or damped, an o simply means the string is played as an open string. At the bottom of the diagram are the note names that make up the chord. This information can be helpful when making up lead licks or chord solos. A curved line tells you to bar the strings with the finger shown; that is, lay your finger flat across the indicated strings.

The fingerings in this book might be different from fingerings you have encountered in other chord books. They were chosen for their overall practicality in the majority of situations.

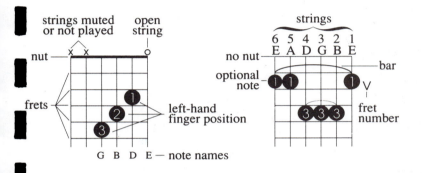

THE PHOTO

The photo to right of each chord diagram shows you what your hand should look like on the guitar fingerboard. You will notice that the finger positions in some of the photos are a little to the right or left of the frame. This is done to show the particular chord form's proximity to either the twelfth fret or the nut of the guitar. This makes it easier to recognize the relative position on the fretboard at a glance.

Although the photos are a visual reference, all of the fingers in a given shot may not be in a proper playing position. We have sometimes moved unused fingers *out of the way,* to give you a better look at where the fretting fingers are placed. For instance, when playing the A♭sus4 shown in the photograph below, your second and third finger should not be tucked under the neck, they would be relaxed and extended upward over the fingerboard. Make sure your fingers are comfortable and that you are capable of moving them easily from one chord position to another.

ALTERNATE CHORD NAMES

This chord encyclopedia uses a standard chordnaming approach, but when playing from sheet music or using other music books, you will find alternative chord names or symbols. Below is a chart by which you can cross reference alternative names and symbols with the ones used in this book.

CHORD SYMBOL	CHORD NAME	ALTERNATE NAME OR SYMBOL
	major	M; Maj
m	minor	m; min; -
6	sixth	major6; Maj6; M6
m6	minor sixth	minor6; m6; min6; -6
6/9	six nine	6(add9); Maj6(add9); M6(add9)
maj7	major seventh	major7; M7; Maj7; Δ7
7	dominant seventh	dominant seventh; dom
7♭5	seventh flat five	7(♭5); 7(-5)
7♯5	seventh sharp five	+7; 7(+5); aug7
m7	minor seventh	minor seven; m7; min7; -7
m(maj7)	minor with a major seventh	minor(major7); m(M7); min(Maj7); major7; m(+7); -(M7); min(addM7)
m7♭5	minor seventh flat five	°7; ½dim; ½dim7; m7(♭5); m7(-5)
°7	diminished seventh	°; dim; dim7
9	ninth	7(add9)
9♭5	ninth flat five	9(♭5); 9(-5)
9♯5	ninth sharp five	+9; 9(+5); aug9
maj9	major ninth	major 9; M9; Δ9; Maj7(add9); M7(add9)
m9	minor ninth	minor9; m9; min9
m11	minor eleventh	minor11; m11; min11
13	thirteenth	7(add13); 7(add6)
maj13	major thirteen	major13; M13; Δ13; Maj7(add13); M7(add13); M7(add6)
m13	minor thirteen	minor13; m13; -13; min7(add13); m7(add13); -7(add13)
sus4	suspended fourth	(sus4)

C

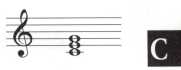

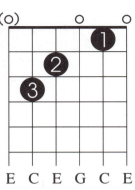

(o)   o   o

E C E G C E

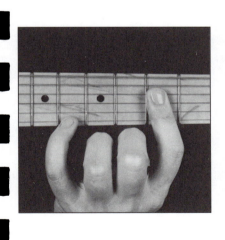
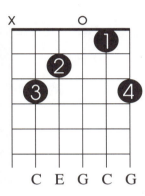

x   o

C E G C G

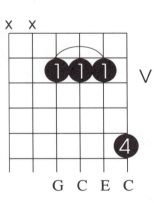

x x

V

G C E C

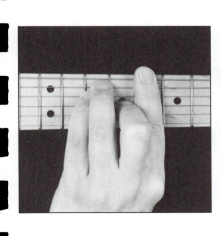
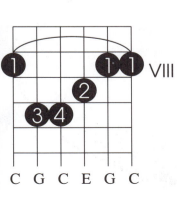

VIII

C G C E G C

5

C

G C E G C E

G C G C E C

C E G C E

E C G C

Csus4

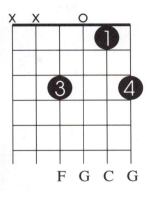

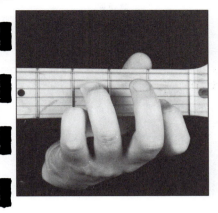

x x o

F G C G

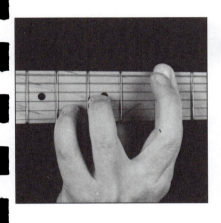

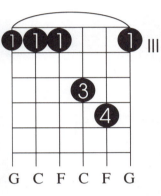

III

G C F C F G

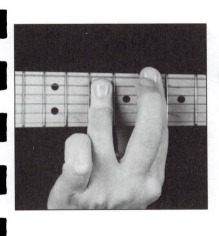

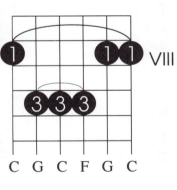

VIII

C G C F G C

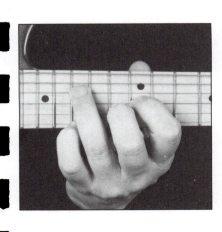

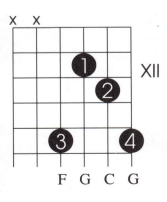

x x

XII

F G C G

C6

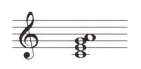

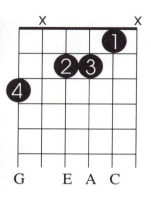

G E A C

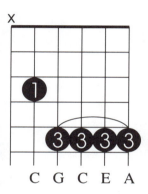

C G C E A

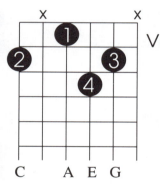

VII

C A E G

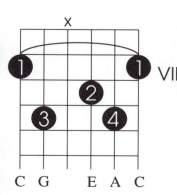

VIII

C G E A C

C6/9

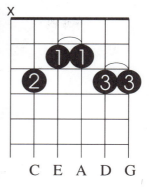

C E A D G

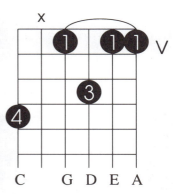

V

C G D E A

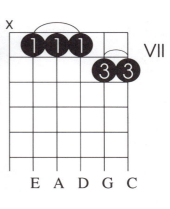

VII

E A D G C

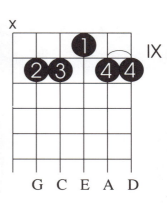

IX

G C E A D

Cmaj7

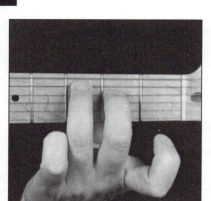
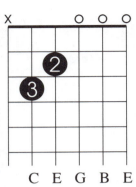

```
X        O  O  O
```
C E G B E

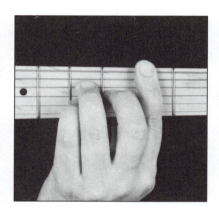
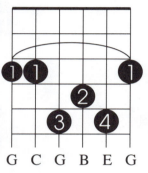

G C G B E G

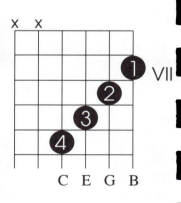

```
X  X
```
VII

C E G B

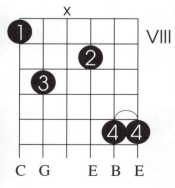

```
X
```
VIII

C G   E B E

Cmaj9

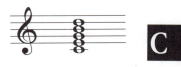

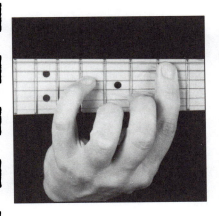

X   O

C   G   B   D   E

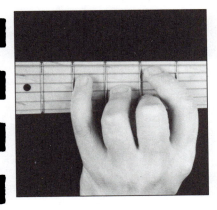

X

VII

E   C   D   G   B

Cmaj13

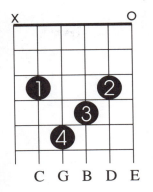

X   X

C   B   E   A

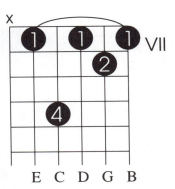

VII

C   E   A   D   G   B

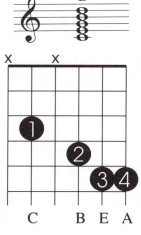

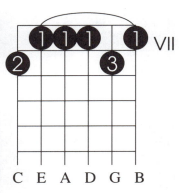

Cm

```
X       O       X
  [2]     [1]
[4]
--------------------
C  Eb  G  C
```

```
X               X
              [1]      IV
    [2] [3]
  [4]
--------------------
Eb  G  C  Eb
```

```
X  X
    [1]          V
      [4][4][4]
--------------------
G  Eb  G  C
```

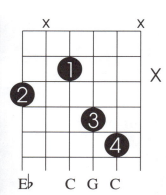

```
      X       X
      [1]        X
[2]
        [3]
          [4]
--------------------
Eb   C  G  C
```

Cm

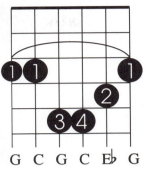

G C G C E♭ G

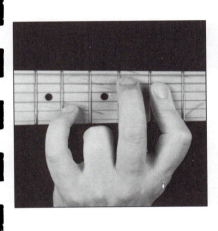

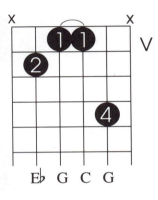

X   X

V

E♭ G C G

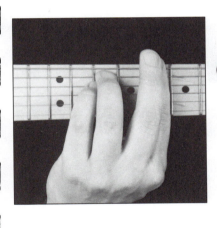

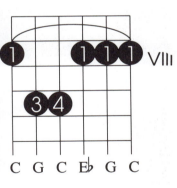

VIII

C G C E♭ G C

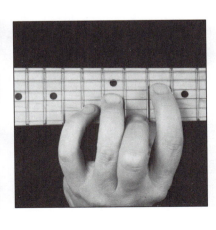

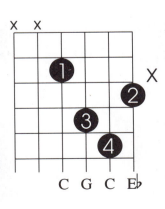

X X

X

C G C E♭

C # Cm6

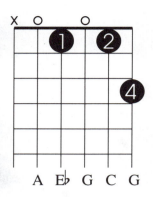

X O O

A E♭ G C G

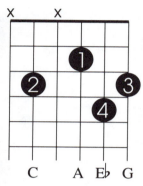

X X

C A E♭ G

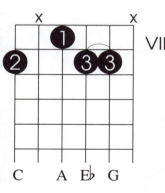

X X

VII

C A E♭ G

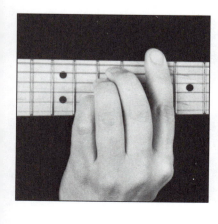

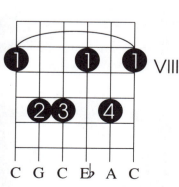

VIII

C G C E♭ A C

14

Cm7

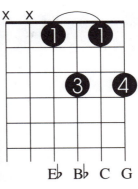

Eb Bb C G

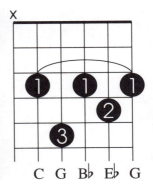

C G Bb Eb G

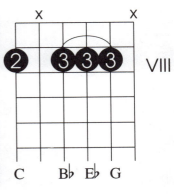

VIII

C Bb Eb G

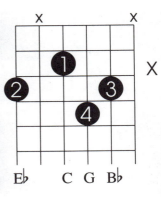

X

Eb C G Bb

Cm(maj7)

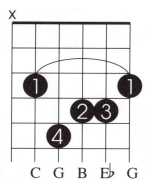

C G B E♭ G

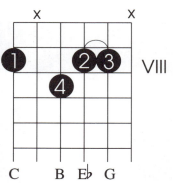

VIII

C B E♭ G

Cm9

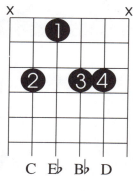

C E♭ B♭ D

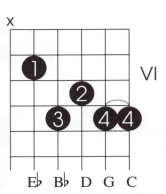

VI

E♭ B♭ D G C

Cm11

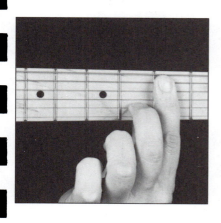

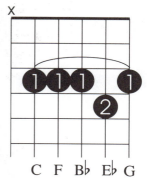

C F B♭ E♭ G

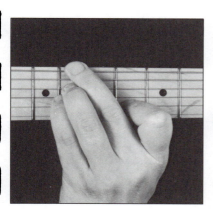

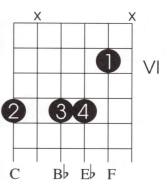

VI

C B♭ E♭ F

Cm13

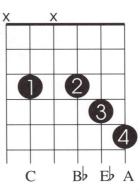

C B♭ E♭ A

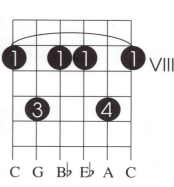

VIII

C G B♭ E♭ A C

Cm7♭5

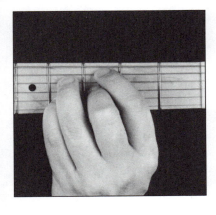

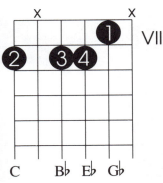

C G♭ B♭ E♭

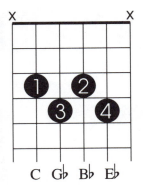

VII

C   B♭ E♭ G♭

C°7

V

B♭♭ E♭ A C G♭ B♭♭

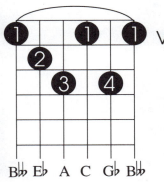

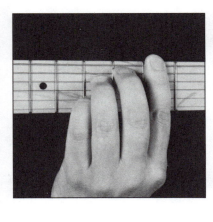

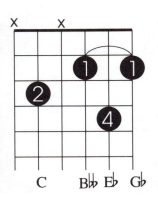

C   B♭♭ E♭ G♭

18

C7

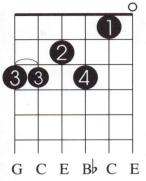

G C E Bb C E

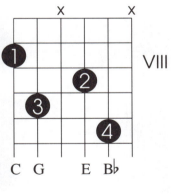

G C G Bb E G

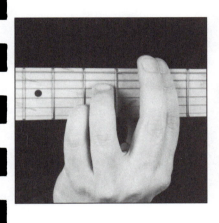

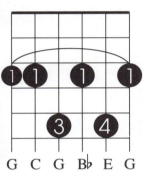

VIII

C G E Bb

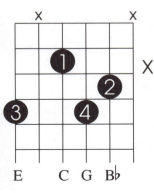

X

E C G Bb

C7

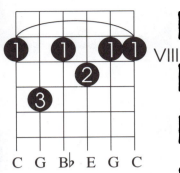

VIII

C G B♭ E G C

X

X

G C G B♭ E

C7sus4

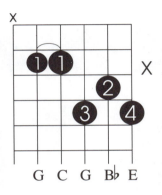

X   X

G   F B♭ C

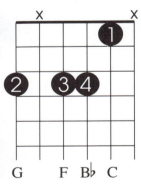

X

III

C G B♭ F G

C7♭5

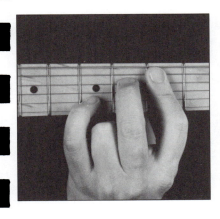

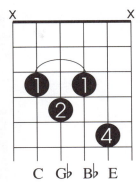

C Gb Bb E

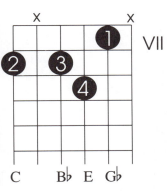

VII

C Bb E Gb

C7♯5

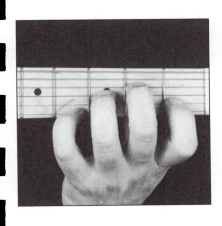

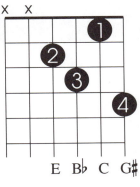

E Bb C G#

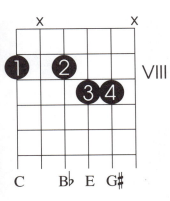

VIII

C Bb E G#

C9

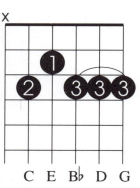

C E B♭ D G

V

C B♭ D E

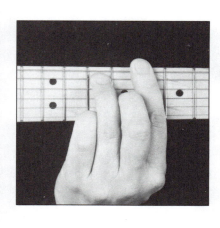

VIII

C G B♭ E G D

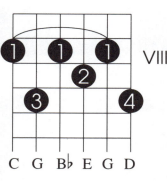

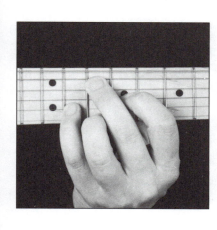

IX

G C E B♭ D

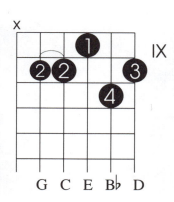

C9sus4

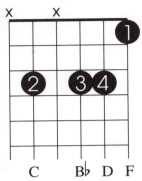

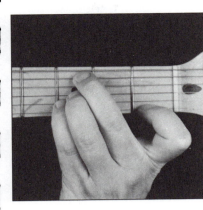

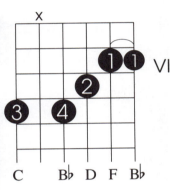

C   B♭ D F

VI

C   B♭ D F B♭

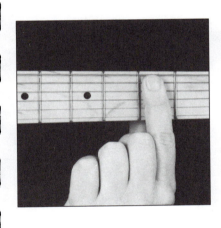

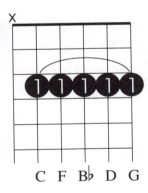

C F B♭ D G

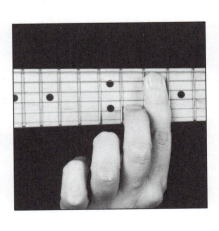

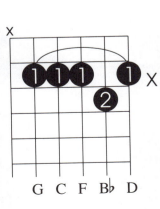

X

G C F B♭ D

23

C9♭5

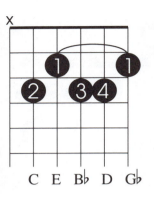

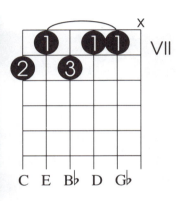

C E B♭ D G♭

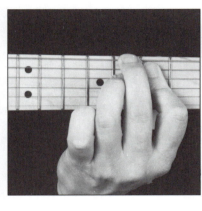

VII

C E B♭ D G♭

C9♯5

E B♭ D G♯ C E

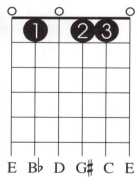

VII

C E B♭ D G♯

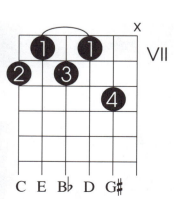

C13

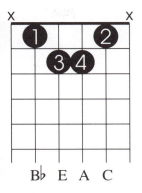

C

Bb E A C

C Bb D E A V

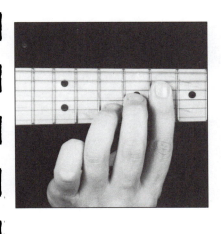

Bb E A C VIII

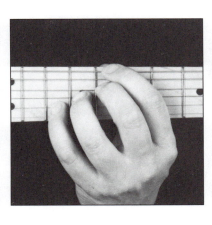

C Bb E A VIII

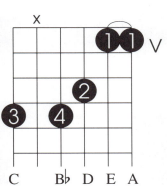

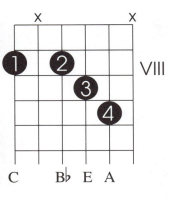

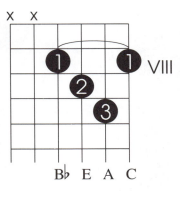

C#

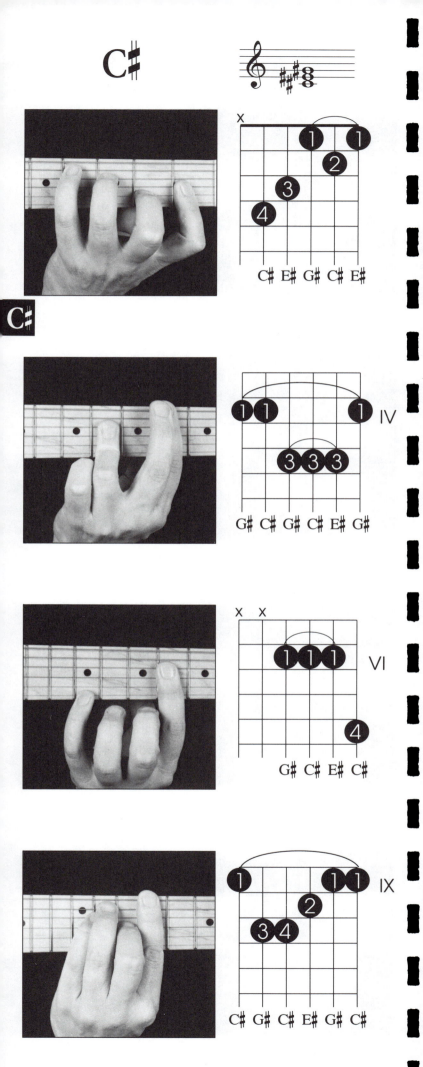

C# E# G# C# E#

IV — G# C# G# C# E# G#

VI — G# C# E# C#

IX — C# G# C# E# G# C#

C#

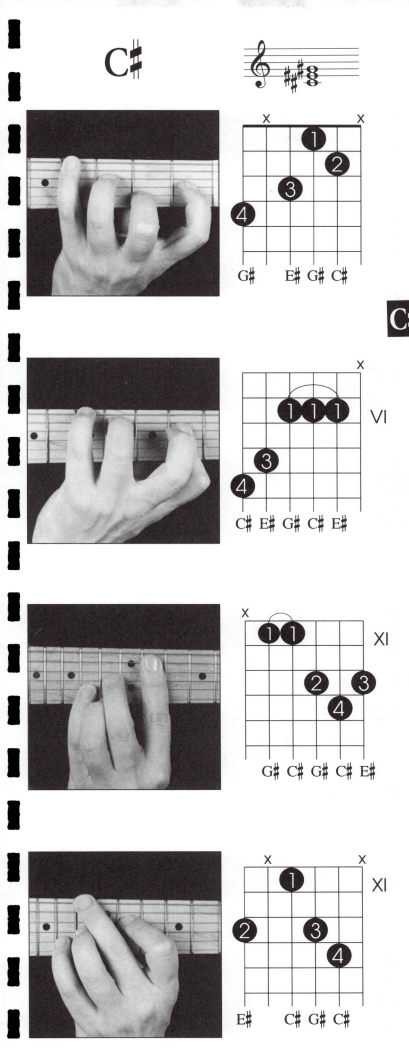

G#   E# G# C#

C# E# G# C# E#   VI

G# C# G# C# E#   XI

E#   C# G# C#   XI

C#sus4

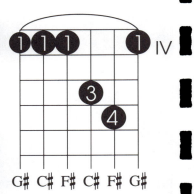

G# C# F# C# F# G#

C#

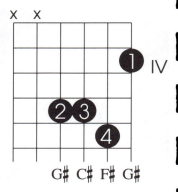

x x

G# C# F# G#

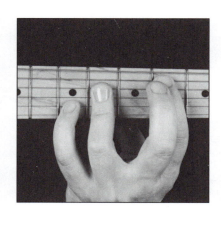

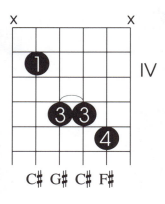

x x

C# G# C# F#

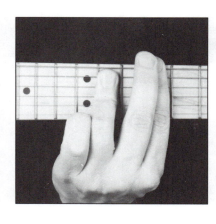

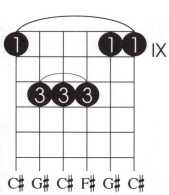

C# G# C# F# G# C#

C#6

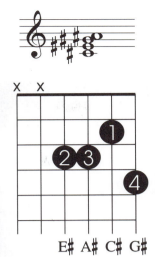

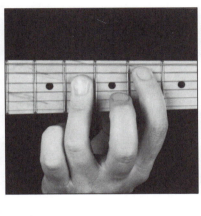

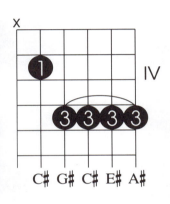

x x

E# A# C# G#

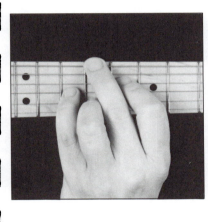

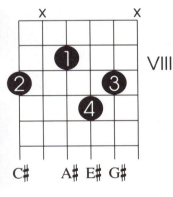

x

IV

C# G# C# E# A#

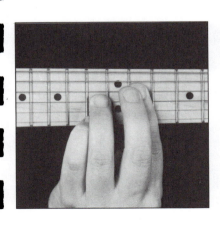

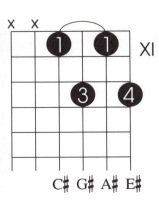

x x

VIII

C#   A# E# G#

---

x x

XI

C# G# A# E#

C#6/9

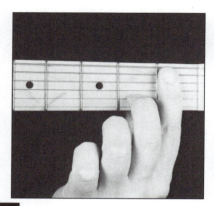

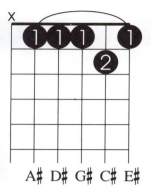

A# D# G# C# E#

C#

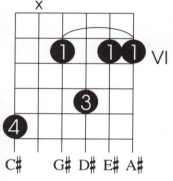

VI

C# G# D# E# A#

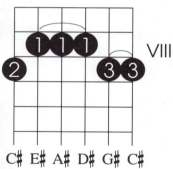

VIII

C# E# A# D# G# C#

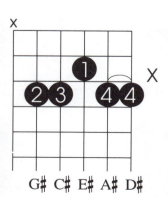

X

G# C# E# A# D#

C#maj7

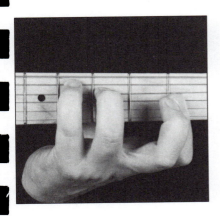

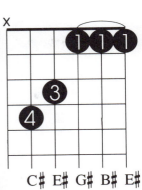

C# E# G# B# E#

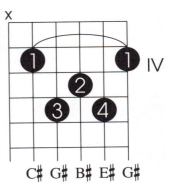

IV

C# G# B# E# G#

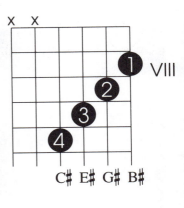

VIII

C# E# G# B#

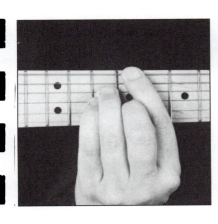

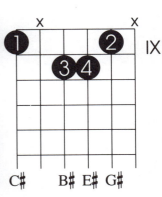

IX

C#   B# E# G#

31

C#maj9

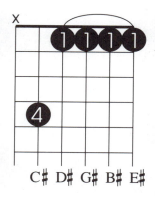

x

① ① ① ①

④

C# D# G# B# E#

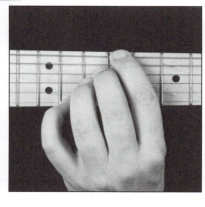

x   x

① ② ③

④   IX

C#   B# E#   D#

C#maj13

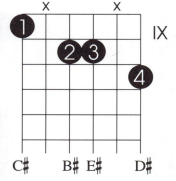

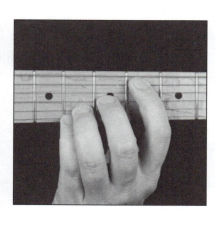

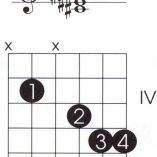

x   x

①

②

③④   IV

C#   B# E# A#

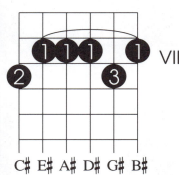

① ① ①   ①   VIII

②   ③

C# E# A# D# G# B#

C#m

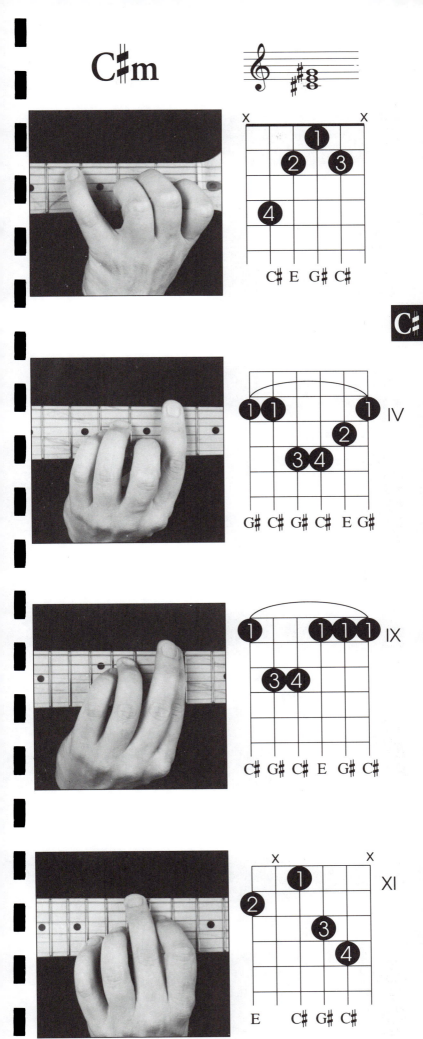

x   x

①
② ③
④

C# E G# C#

C#

━━━━━━━━━━━━━━

① ① ① ① IV
②
③ ④

G# C# G# C# E G#

━━━━━━━━━━━━━━

① ① ① ① IX
③ ④

C# G# C# E G# C#

━━━━━━━━━━━━━━

x   x
①   XI
②
③
④

E   C# G# C#

C#m

E G# C# E

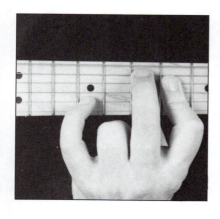

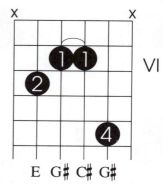

VI

E G# C# G#

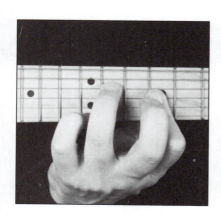

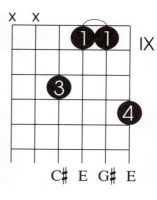

IX

C# E G# E

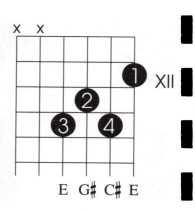

XII

E G# C# E

C#m6

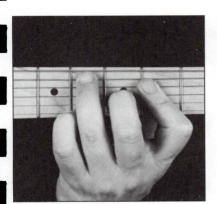

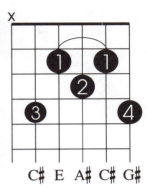

C# E A# C# G#

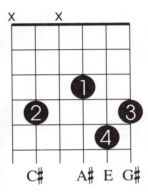

C# A# E G#

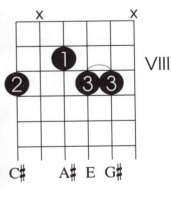

VIII

C# A# E G#

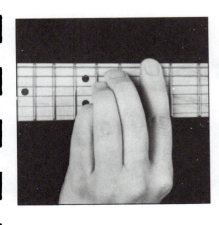

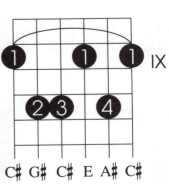

IX

C# G# C# E A# C#

C#m7

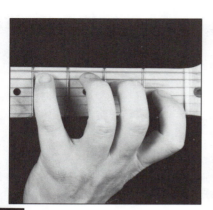

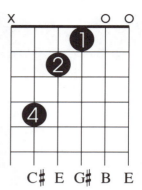

C# E G# B E

C#

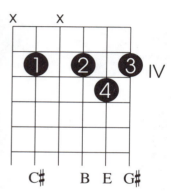

IV

C# B E G#

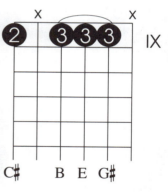

IX

C# B E G#

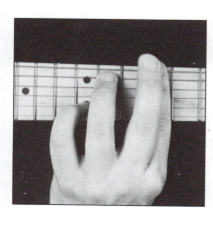

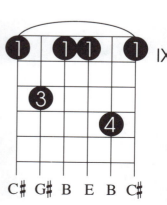

IX

C# G# B E B C#

36

C#m(maj7)

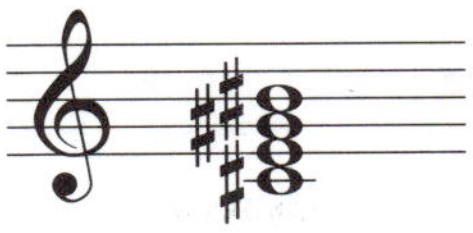

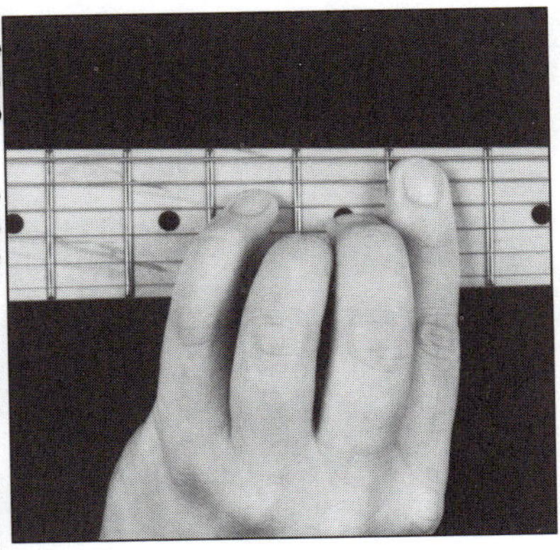

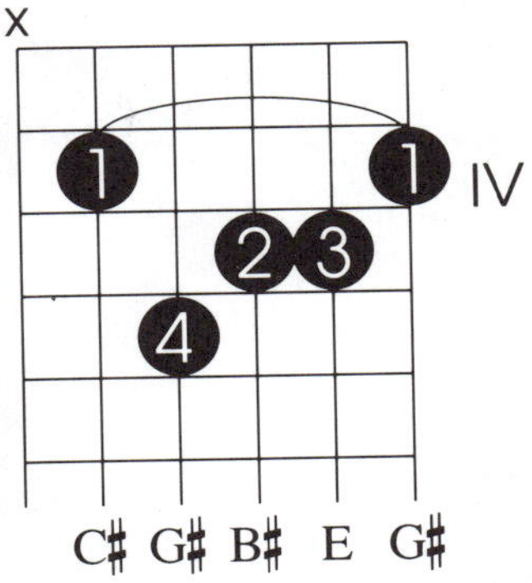

C# G# B# E G#
IV

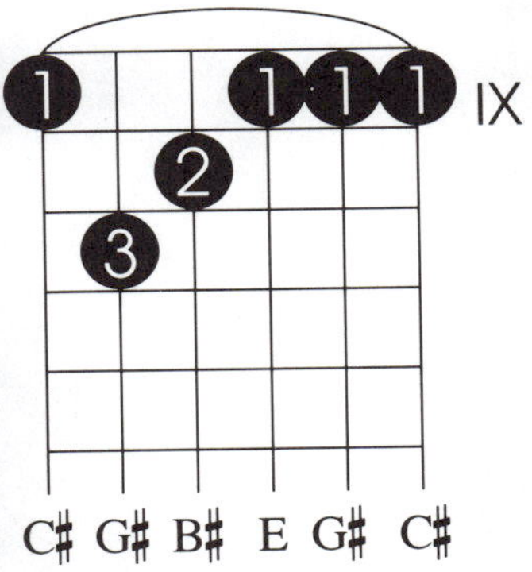

C# G# B# E G# C#
IX

C#

C#m9

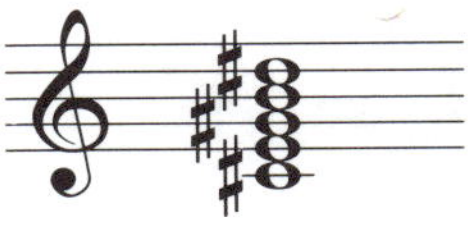

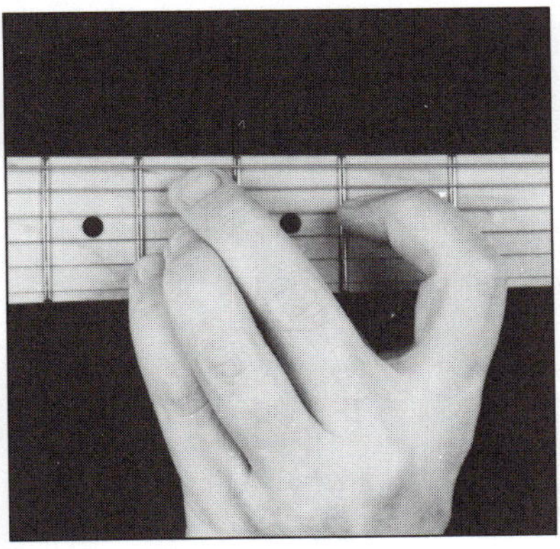

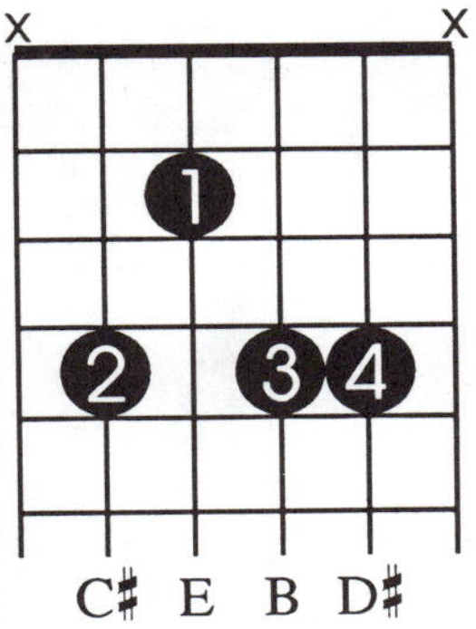

C# E B D#

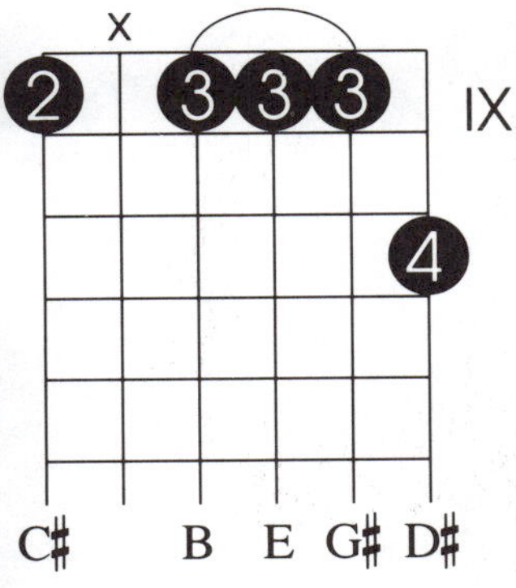

C# B E G# D#
IX

C#m11

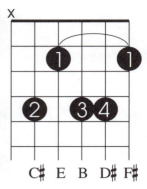

C# E B D# F#

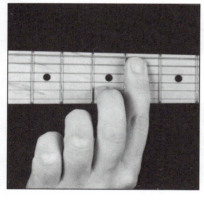

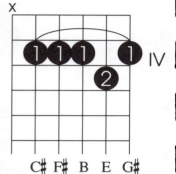

IV

C# F# B E G#

C#m13

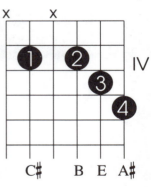

IV

C# B E A#

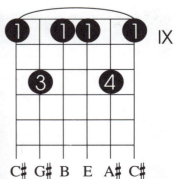

IX

C# G# B E A# C#

C#m7♭5

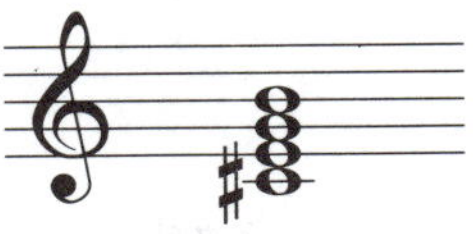

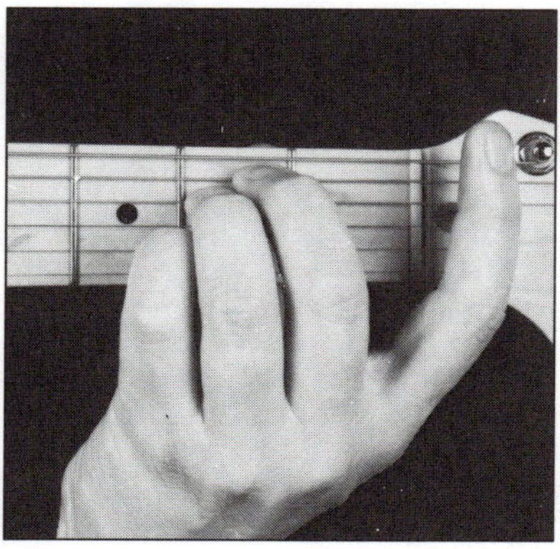

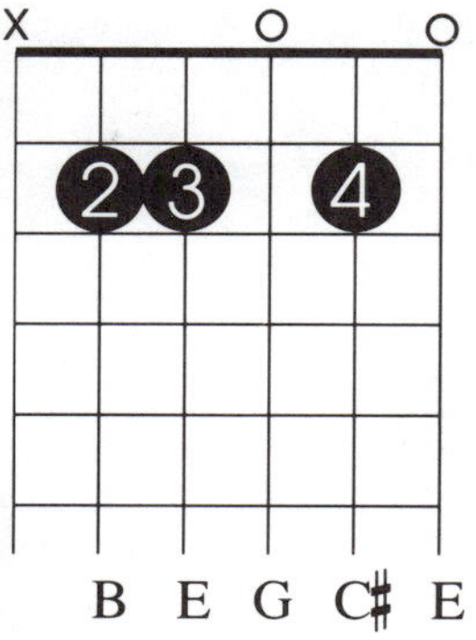

B E G C# E

C# G B E

IV

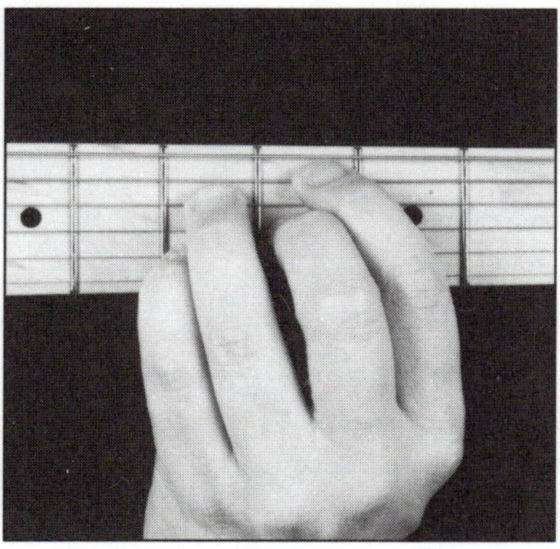

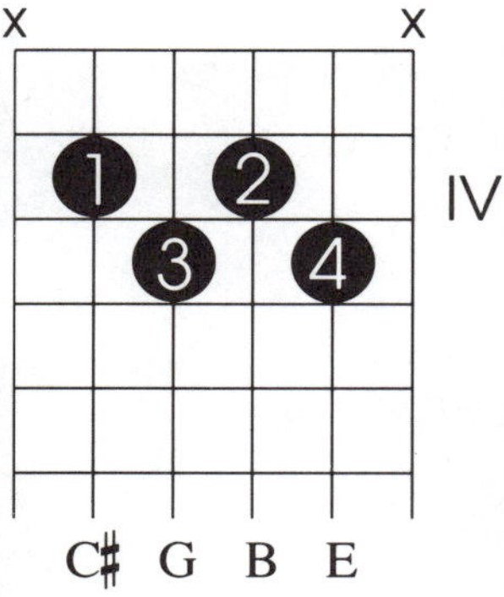

C#°7

E B♭ C# G

C# B♭ E G

VIII

C#

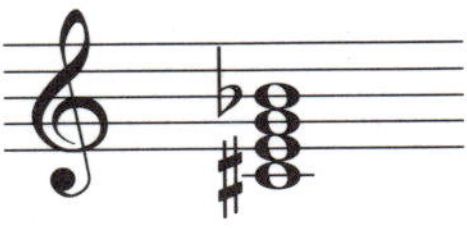

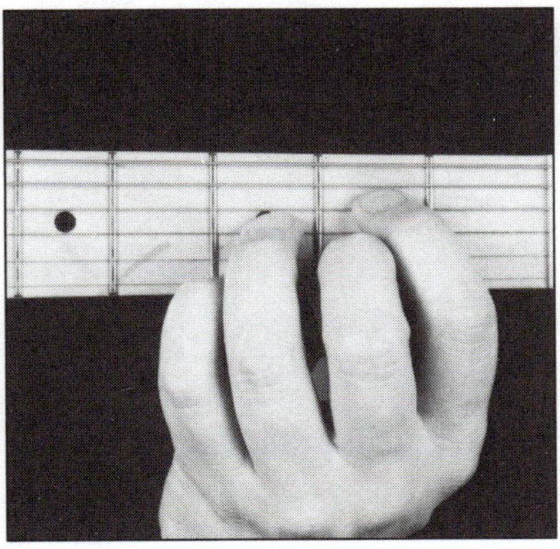

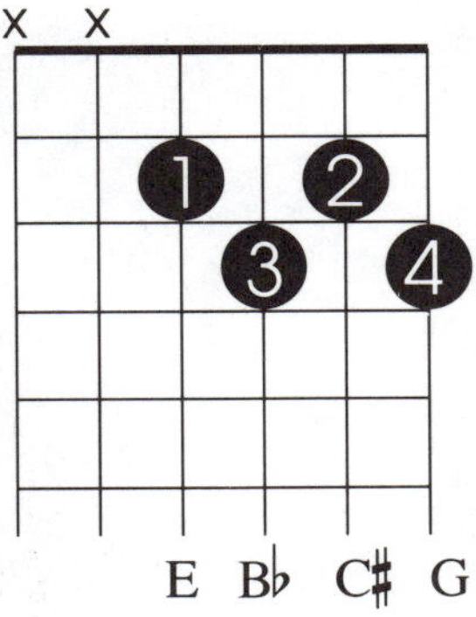

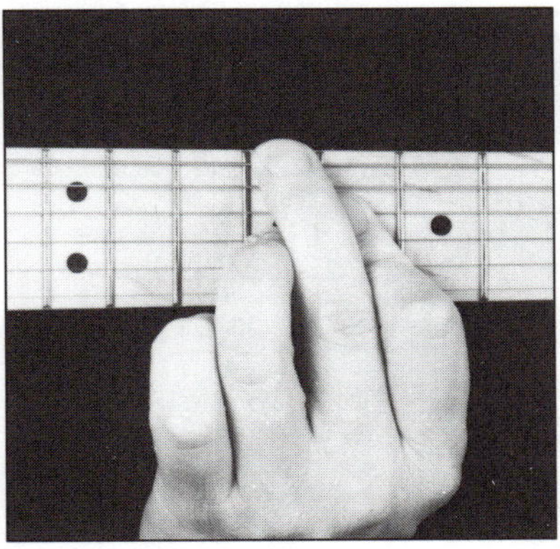

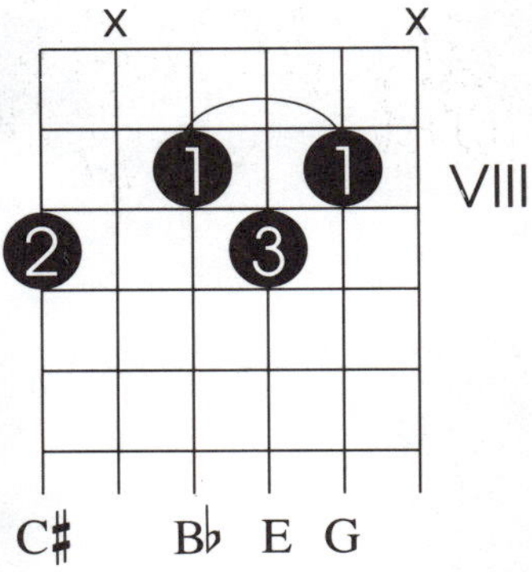

C#7

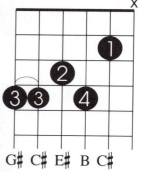

G# C# E# B C#

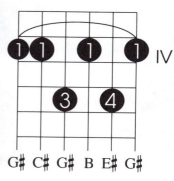

IV

G# C# G# B E# G#

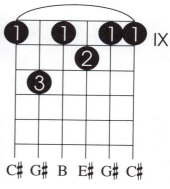

IX

C# G# B E# G# C#

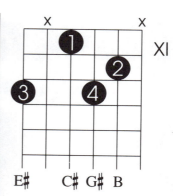

XI

E#   C# G# B

C#7

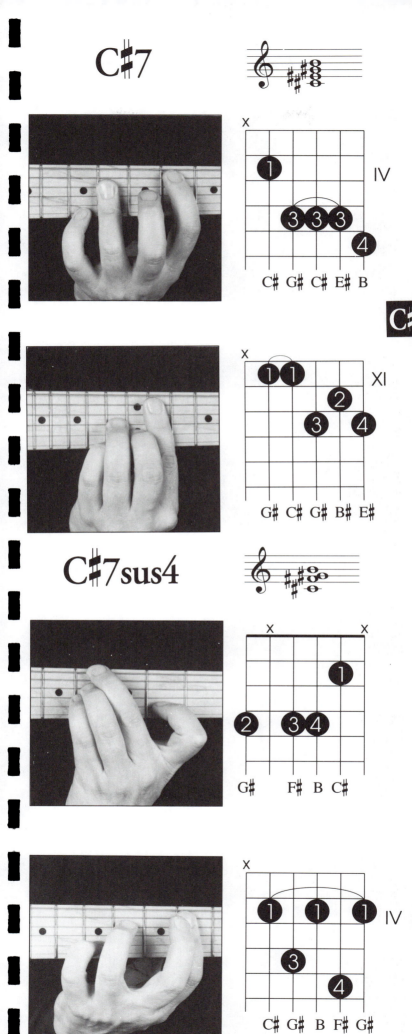

IV

C# G# C# E# B

XI

G# C# G# B# E#

C#7sus4

G#   F# B C#

IV

C# G# B F# G#

C#7b5

X   X

G   E# B C#

X   X

VIII

C#   B E# G

C#7#5

X   O X

C# E# G✗ B

X   X

IX

C#   B E# G✗

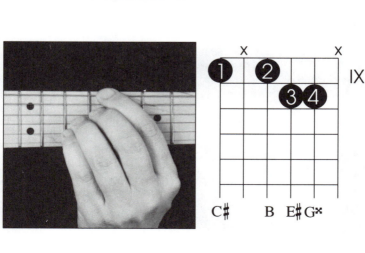

C#9

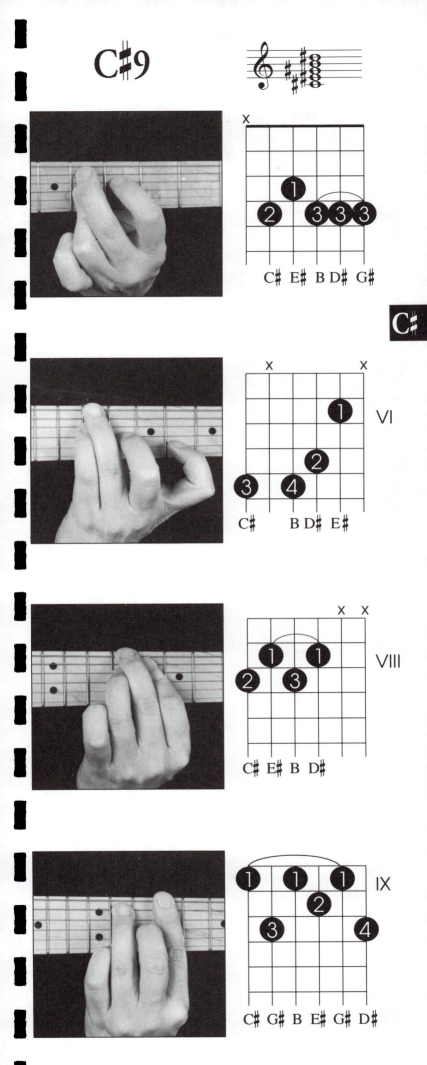

C# E# B D# G#

C#

x   x   VI

C#   B D# E#

x   x   VIII

C# E# B D#

IX

C# G# B E# G# D#

C#9sus4

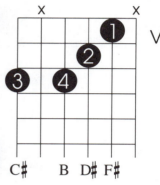

C#   B D# F#

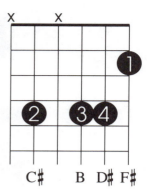

VII

C#   B D# F#

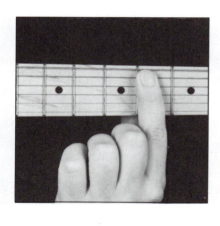

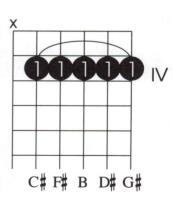

IV

C# F# B D# G#

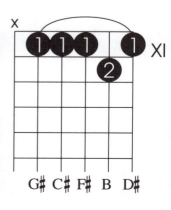

XI

G# C# F# B D#

C#9b5

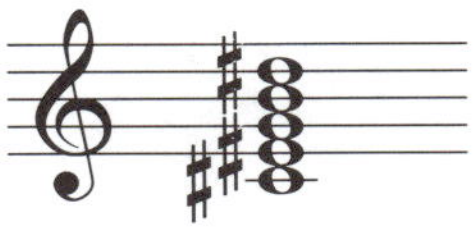

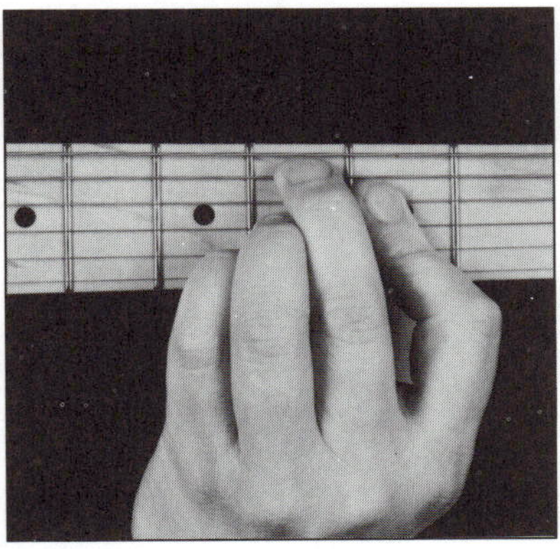

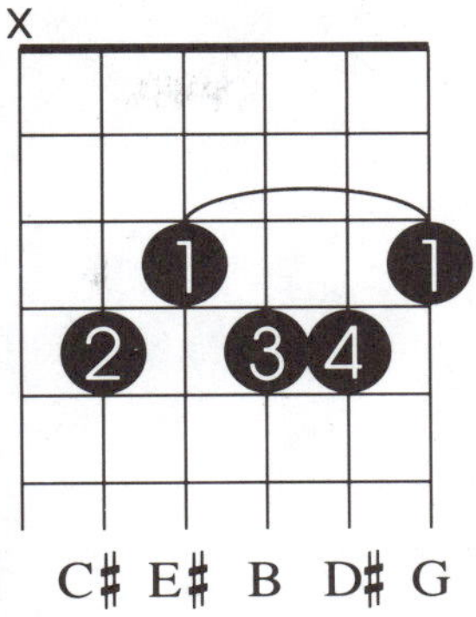

C# E# B D# G

VIII

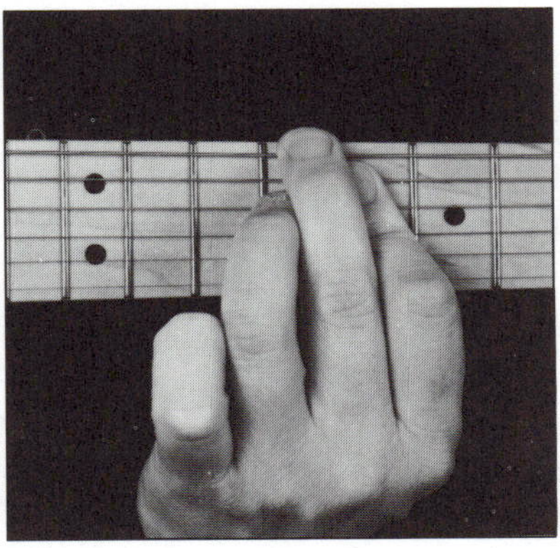

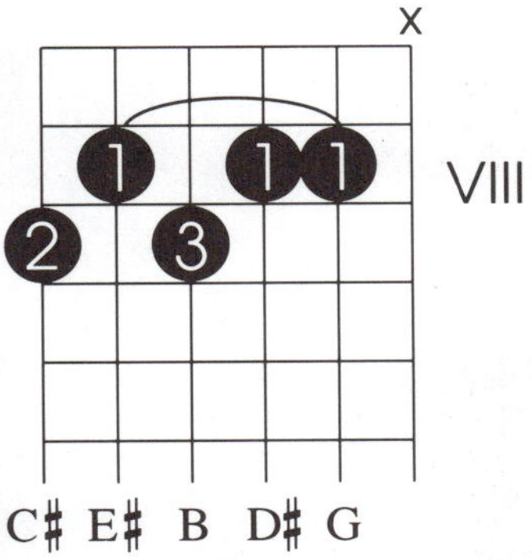

C# E# B D# G

C#9#5

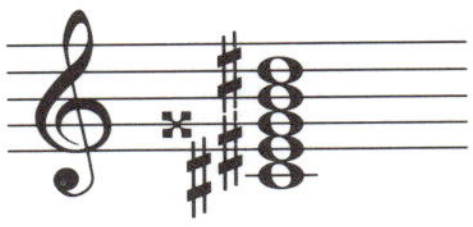

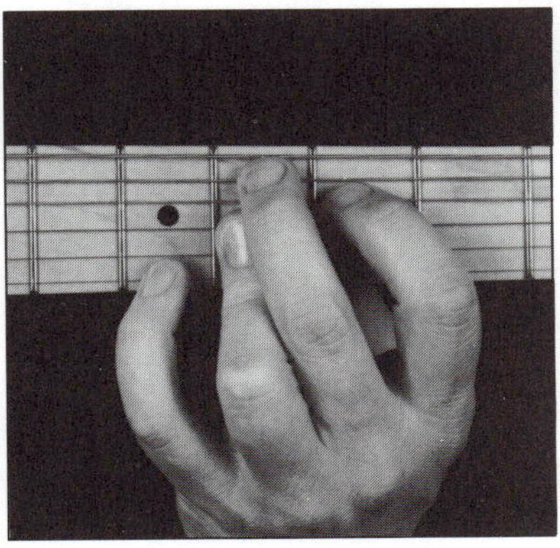

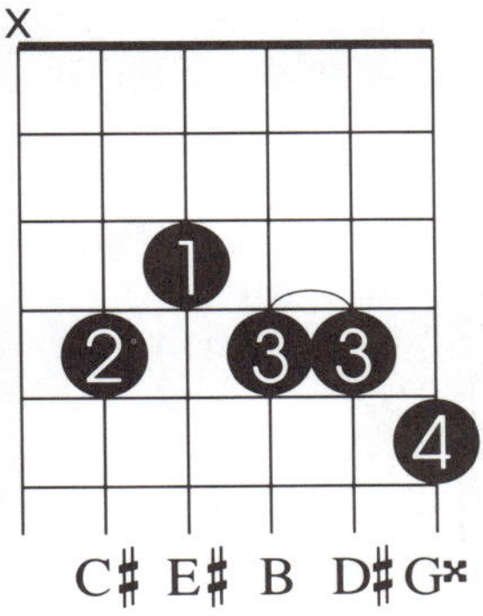

C# E# B D# G✗

VIII

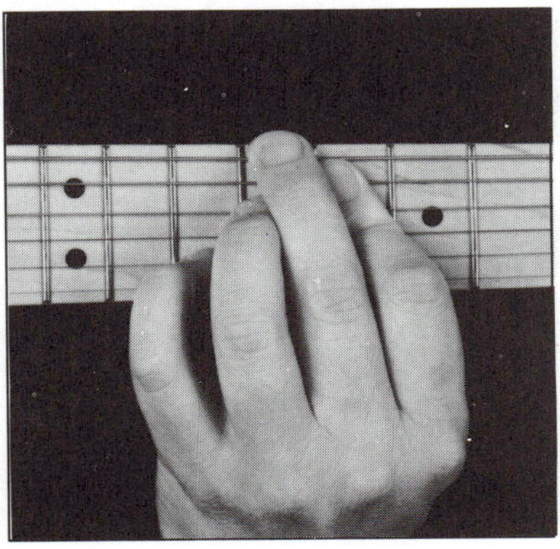

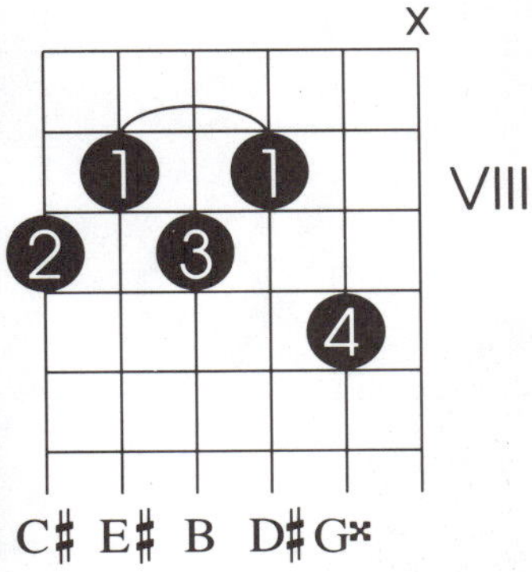

C# E# B D# G✗

C#

45

C#13

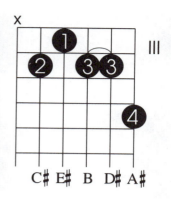

III

C# E# B D# A#

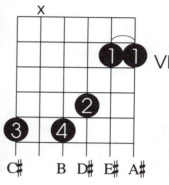

VI

C# B D# E# A#

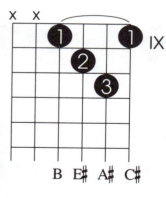

IX

B E# A# C#

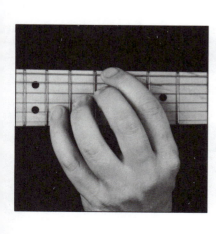

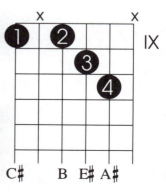

IX

C# B E# A#

D

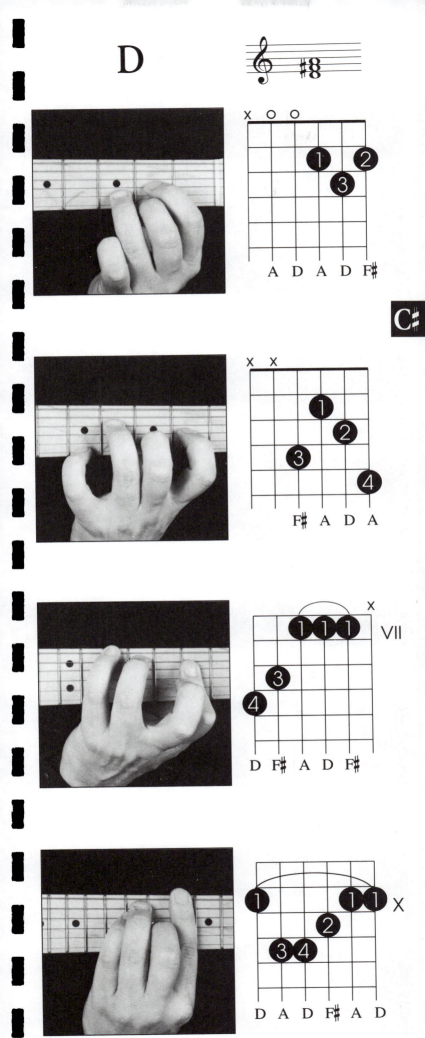

A D A D F#

F# A D A

VII
D F# A D F#

X
D A D F# A D

D

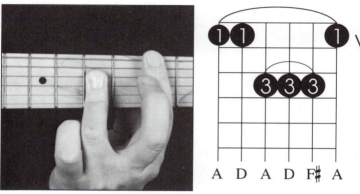

x

① ①
②
③
④

D F# A D F#

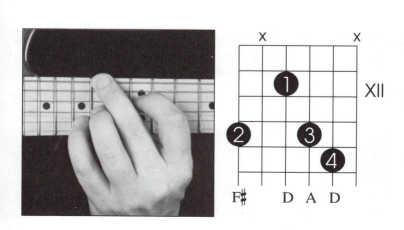

① ①   ①   V
③ ③ ③

A D A D F# A

D

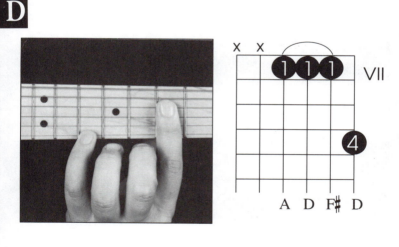

x x
① ① ①   VII
④

A D F# D

x   x
①   XII
② ③
④

F#   D A D

48

Dsus4

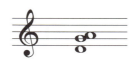

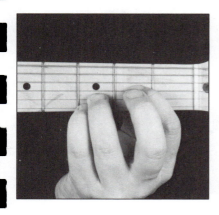

x x o

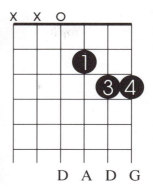

D A D G

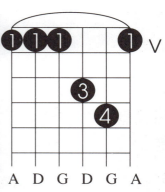

V

A D G D G A

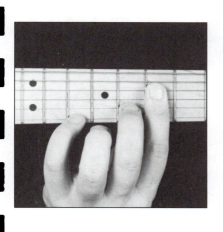

x x

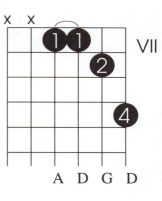

VII

A D G D

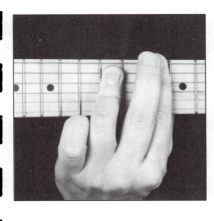

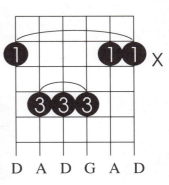

X

D A D G A D

49

D6

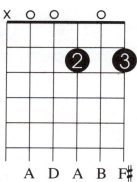

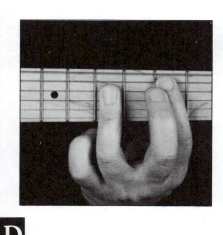

X O O O

② ③

A D A B F#

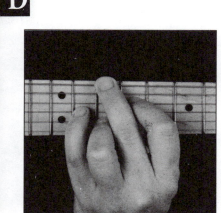

X V

① ③③③③

D A D F# B

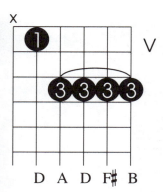

X X IX

② ① ③ ④

D B F# A

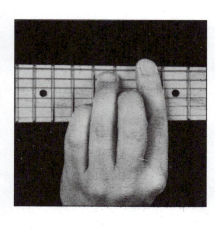

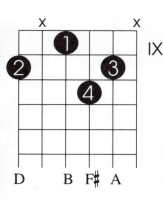

X X

① ② ① X ③ ④

D A F# B D

D6/9

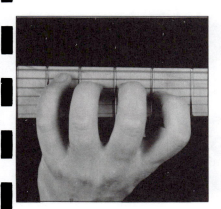

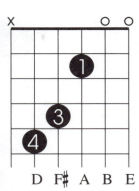

D   F# A   B   E

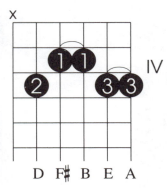

IV

D   F# B   E   A

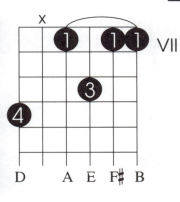

VII

D   A   E   F# B

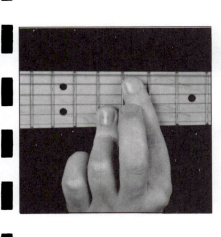

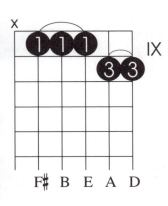

IX

F# B   E   A   D

Dmaj7

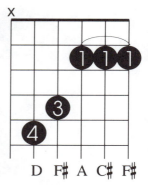

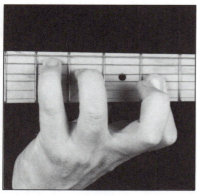

D F# A C# F#

V

D A C# F# A

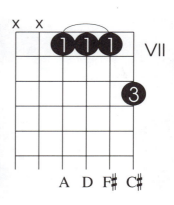

VII

A D F# C#

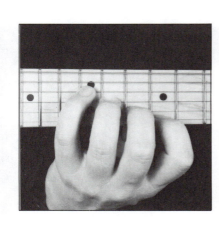

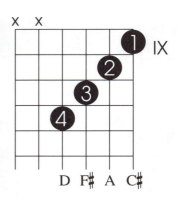

IX

D F# A C#

Dmaj9

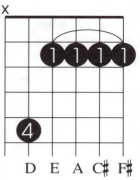

D E A C# F#

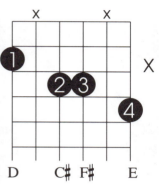

D C# F# E

Dmaj13

V

D C# F# B

IX

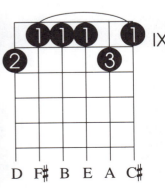

D F# B E A C#

Dm

X O O

A D A D F

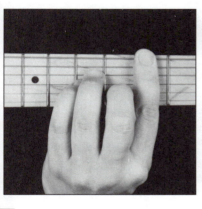

1 1 1
2
3 4

A D A D F A V

D

X X
1 1
2
4

F A D A VII

1 1 1 1
3 4

D A D F A D X

54

Dm

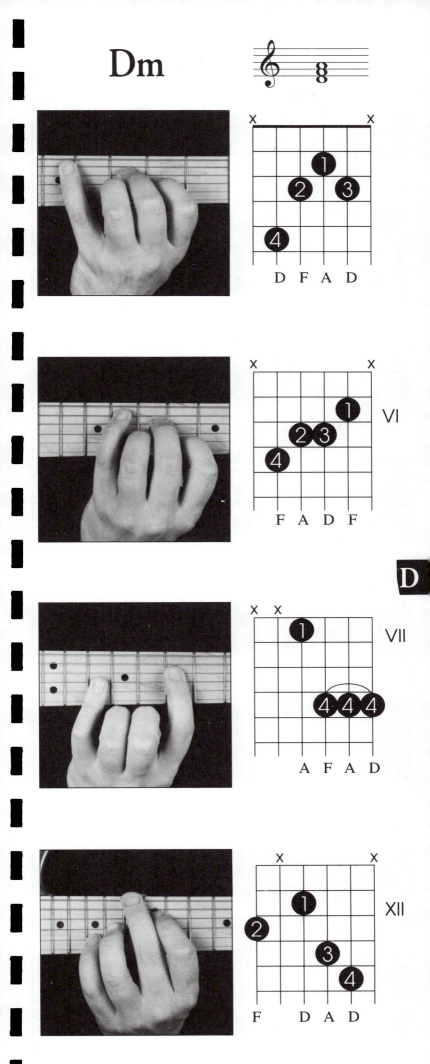

D F A D

VI
F A D F

VII
A F A D

XII
F D A D

Dm6

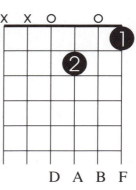

X X O O

① ②
D A B F

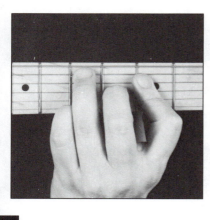
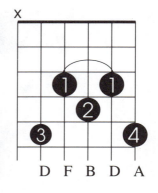

X

① ①
②
③ ④
D F B D A

D

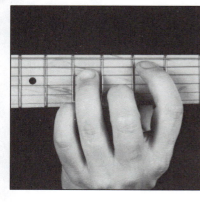
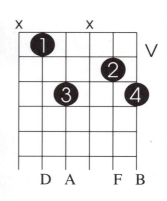

X X

① ② ③ ④
V
D A F B

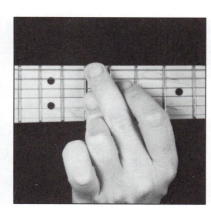
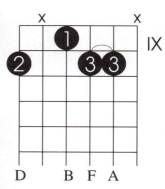

X X

① ② ③ ③
IX
D B F A

Dm7

x x o
```
        1 1
      2
D A C F
```

x
```
1   1   1    V
          2
      3
D A C F A
```

D

x x
```
            1    VI
      2 3
            4
A D F C
```

```
      x         x
2       3 3 3    X
D   C F A
```

57

Dm(maj7)

x x o
```
●1
●2 ●3
```
D A C# F

x
```
1 ─────────── 1  V
      ●2 ●3
   ●4
```
D A C# F A

Dm9

D

x x
```
●1
●2  ●3 ●4
```
D F C E

x
```
●2  ●3 ●3 ●3  X
           ●4
```
D C F A E

Dm11

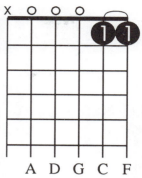

A D G C F

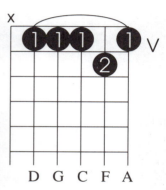

D G C F A

Dm13

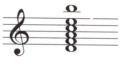

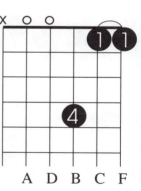

A D B C F

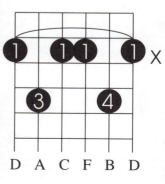

D A C F B D

Dm7♭5

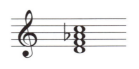

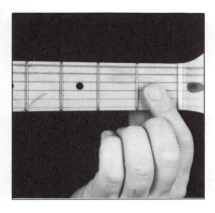

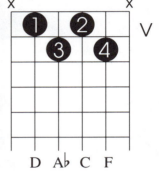

D A♭ C F

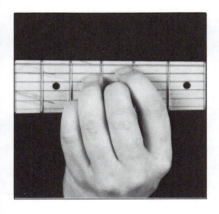

V

D A♭ C F

D

D°7

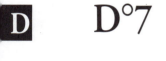

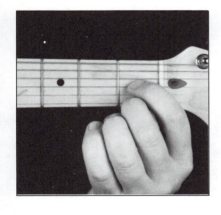

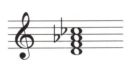

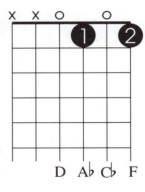

D A♭ C♭ F

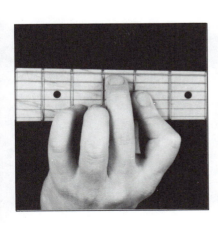

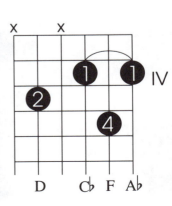

IV

D C♭ F A♭

D7

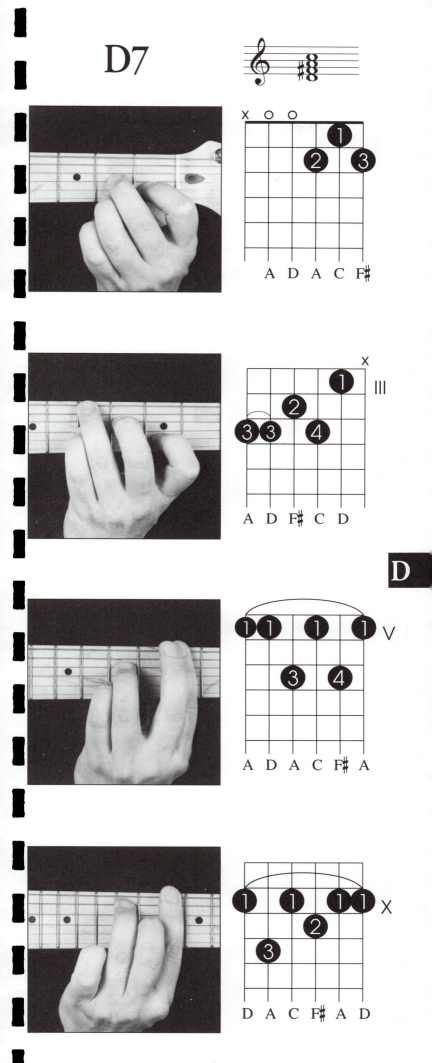

A D A C F#

III
A D F# C D

V
A D A C F# A

X
D A C F# A D

D7

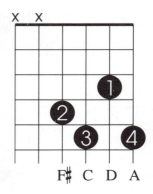

F# C D A

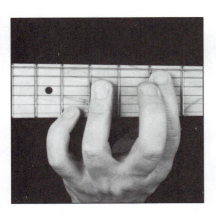

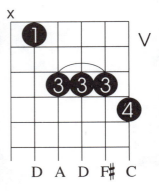

V

D A D F# C

D D7sus4

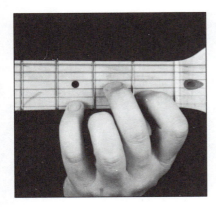

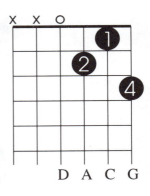

D A C G

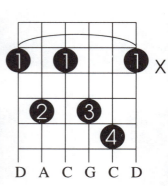

X

D A C G C D

D7♭5

D A♭ C F♯

V

D A♭ C F♯

D7♯5

D

D A♯ C F♯

X

D C F♯ A♯

D9

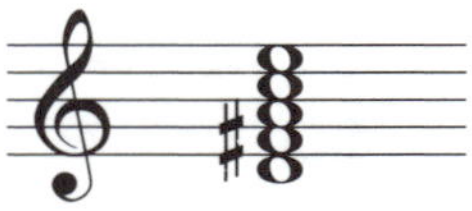

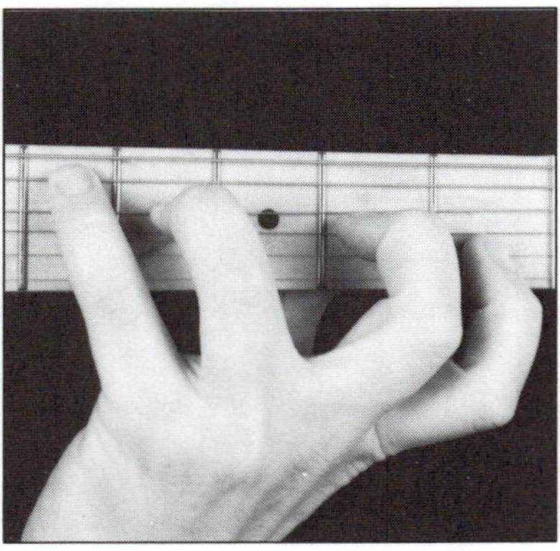

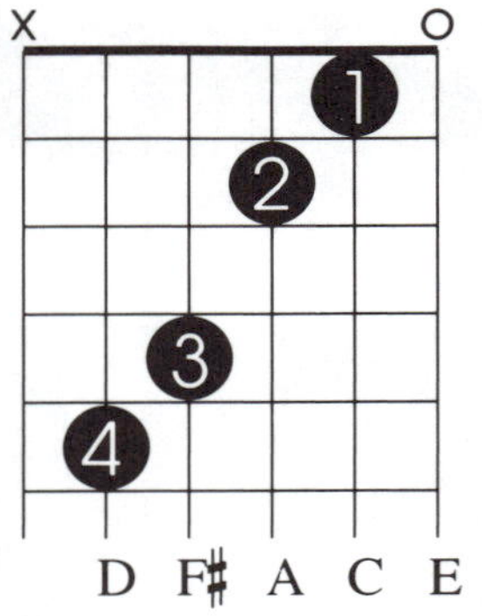
X
O
1
2
3
4
D F♯ A C E

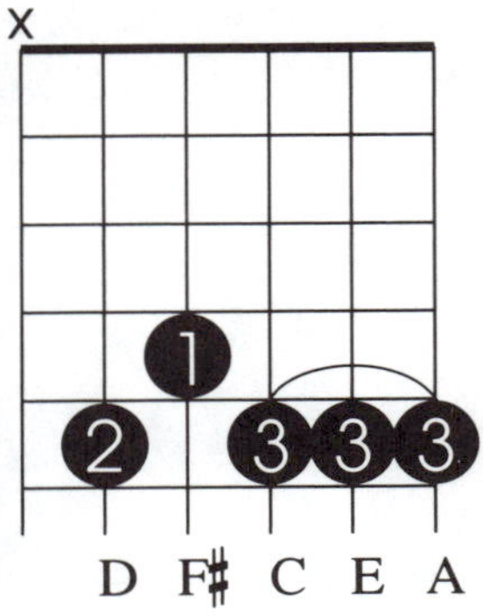
X
1
2
3
3
3
D F♯ C E A

D

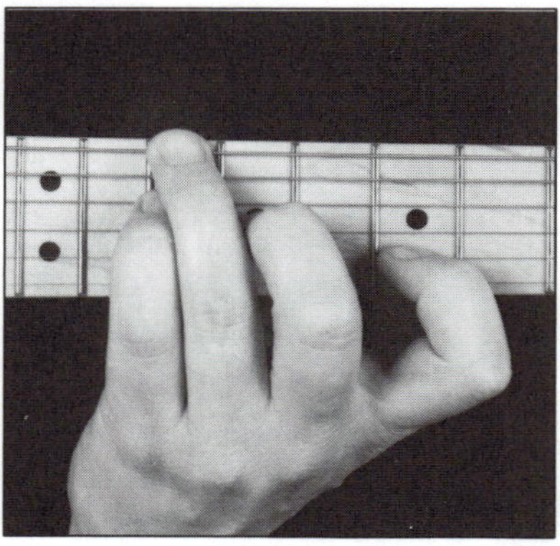

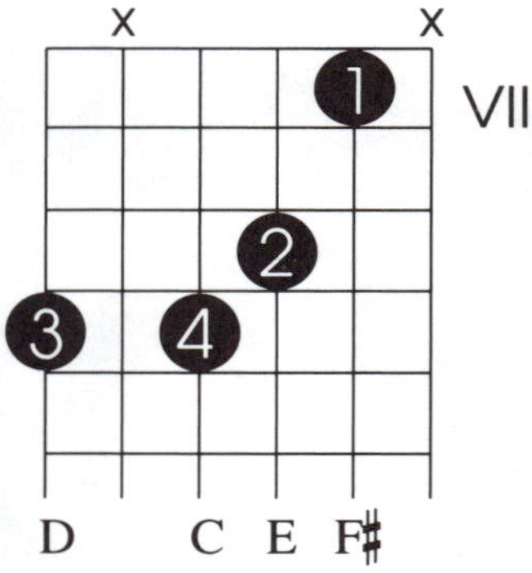
X
X
1
VII
2
3
4
D C E F♯

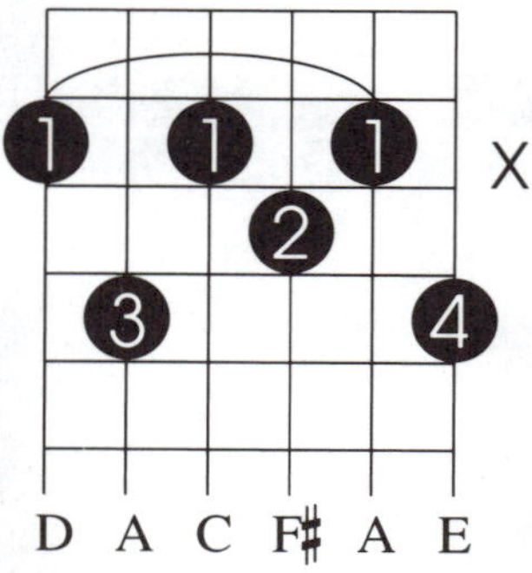
1
1
1
X
2
3
4
D A C F♯ A E

D9sus4

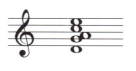

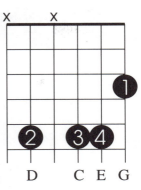

x   x

①   ②   ③ ④

D   C E G

x   x

① ② ③ ④

VIII

D   C E G

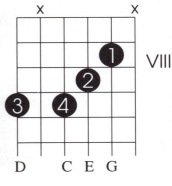

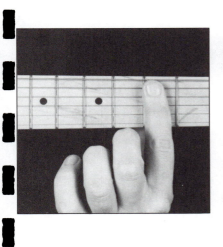

x

① ① ① ① ①

V

D G C E A

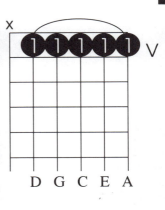

D

x

① ① ① ① ②

XII

A D G C E

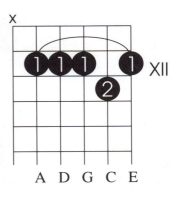

D9♭5

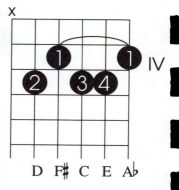

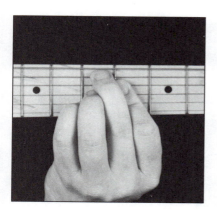

IV

x

D F♯ C E A♭

IX

D F♯ C E A♭

D9♯5

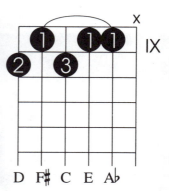

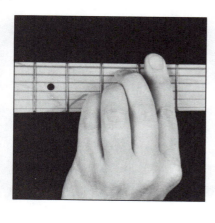

F♯ C E A♯ D F♯

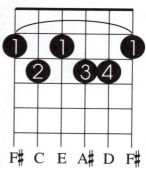

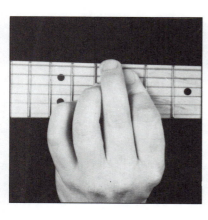

IX

x

D F♯ C E A♯

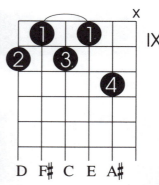

D13

X X

① ②
③④

C F# B D

X X

① ②

④④   V

D   C F# B

X X

① ① ① VII

④

C D F# B

D

X

① ②
③
④④   X

D   C F# B E

E♭

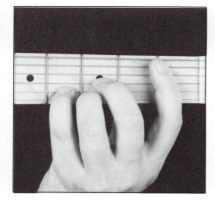
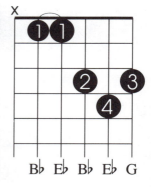

Bb Eb Bb Eb G

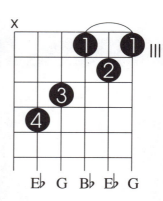

Eb G Bb Eb G

III

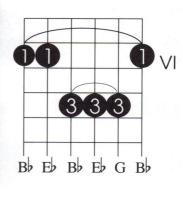

Bb Eb Bb Eb G Bb

VI

E♭

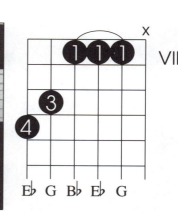

Eb G Bb Eb G

VIII

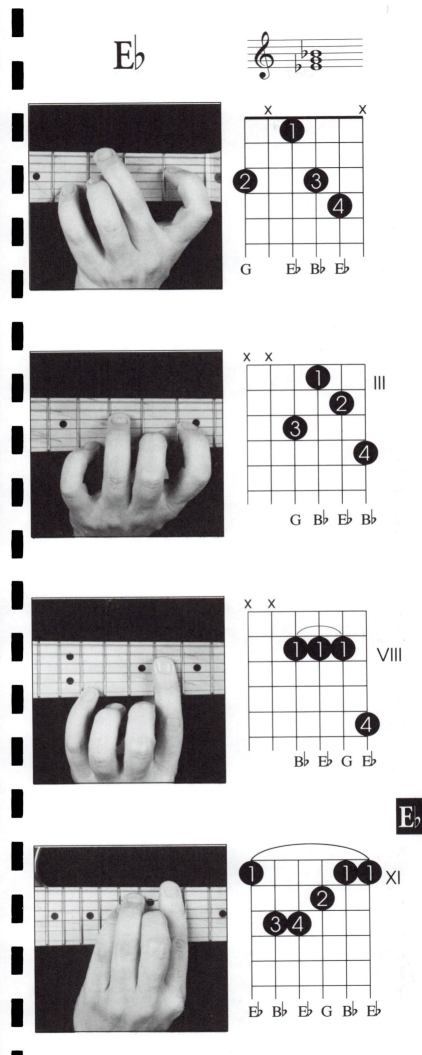

E♭

E♭sus4

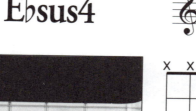

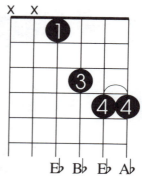

x x

①

③

④④

E♭ B♭ E♭ A♭

x x

① VI

②③

④

B♭ E♭ A♭ B♭

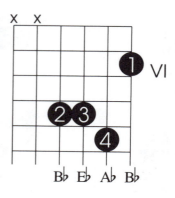

① ① ① ① VI

③

④

B♭ E♭ A♭ E♭ A♭ B♭

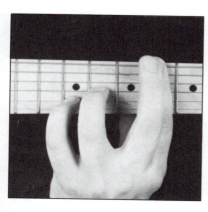

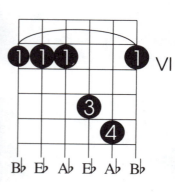

E♭

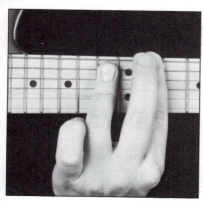

① ① ① XI

③ ③ ③

E♭ B♭ E♭ A♭ B♭ E♭

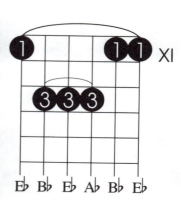

E♭6

E♭6/9

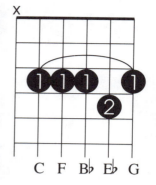

C F B♭ E♭ G

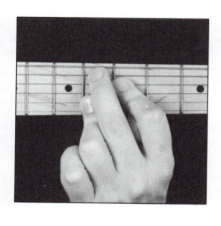

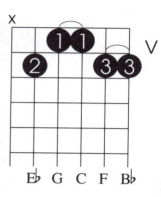

E♭ G C F B♭

V

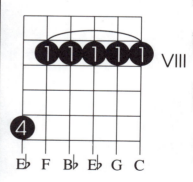

E♭ F B♭ E♭ G C

VIII

E♭

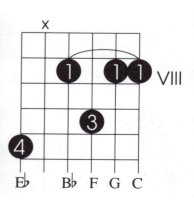

E♭ B♭ F G C

VIII

E♭maj7

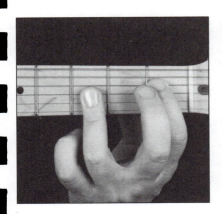

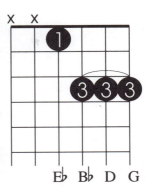

x x
①
③ ③ ③
E♭ B♭ D G

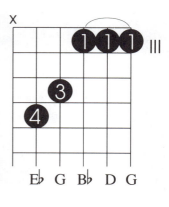

x
① ① ① III
③
④
E♭ G B♭ D G

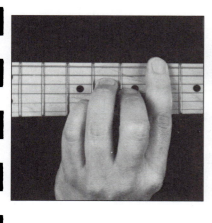

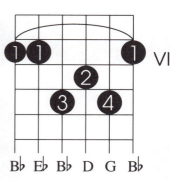

① ①   ① VI
②
③   ④
B♭ E♭ B♭ D G B♭

E♭

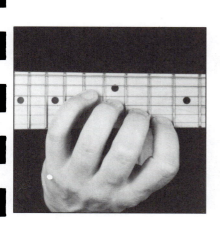

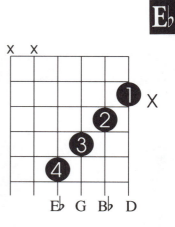

x x
① X
②
③
④
E♭ G B♭ D

Ebmaj9

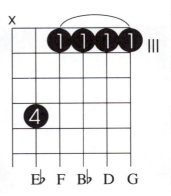

Eb G D F

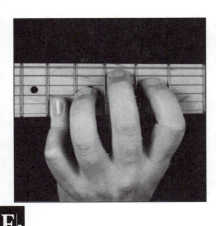

III

Eb F Bb D G

Ebmaj13

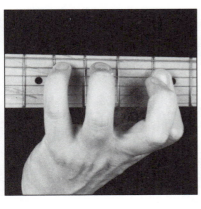

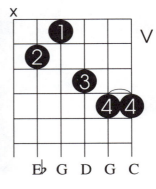

V

Eb G D G C

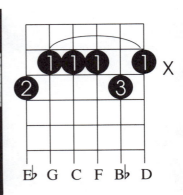

X

Eb G C F Bb D

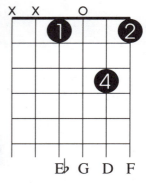

E♭m

x — x
①
②
③
④

Gb — Eb Bb Eb

x — x III
①
② ③
④

Eb Gb Bb Eb

x — x VII
①
② ③
④

Gb Bb Eb Gb

E♭

① — ① ① ① XI
③ ④

Eb Bb Eb Gb Bb Eb

75

E♭m

Bb Gb Bb Eb

VI

Bb Eb Bb Eb Gb Bb

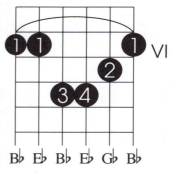

VIII

Bb Gb Bb Eb

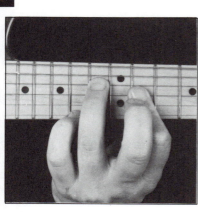

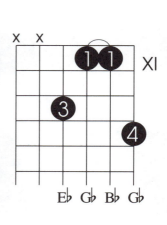

XI

Eb Gb Bb Gb

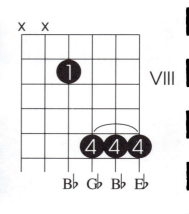

Ebm6

Eb Bb C Gb

C Gb Bb Eb

V

Eb C Gb Bb

Eb

X

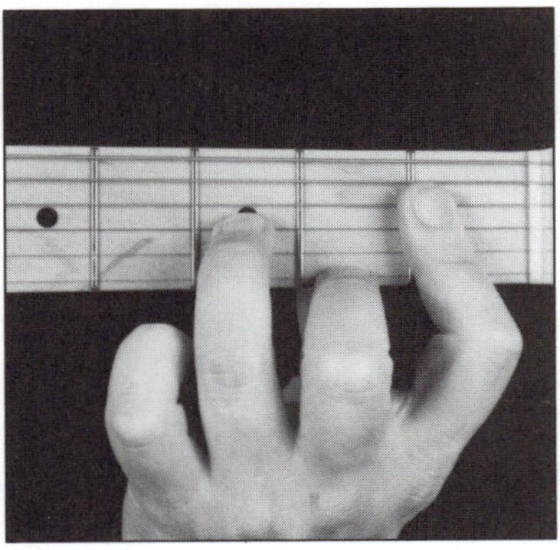

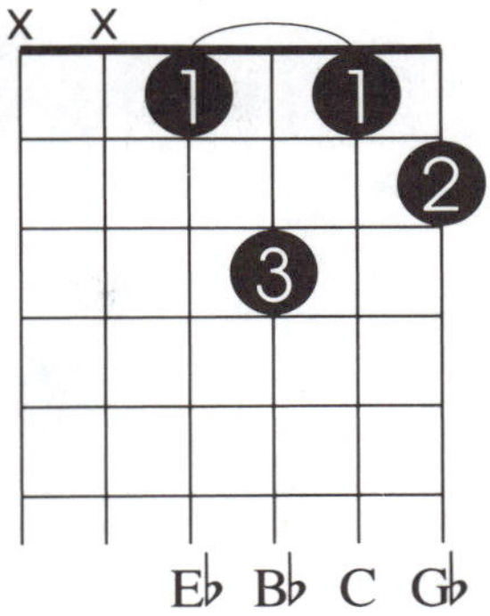

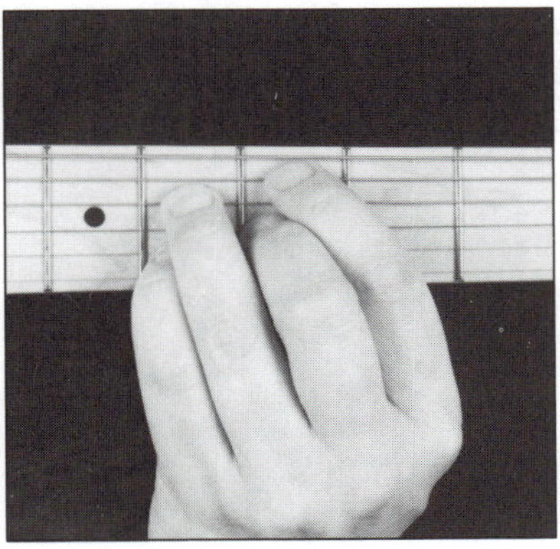

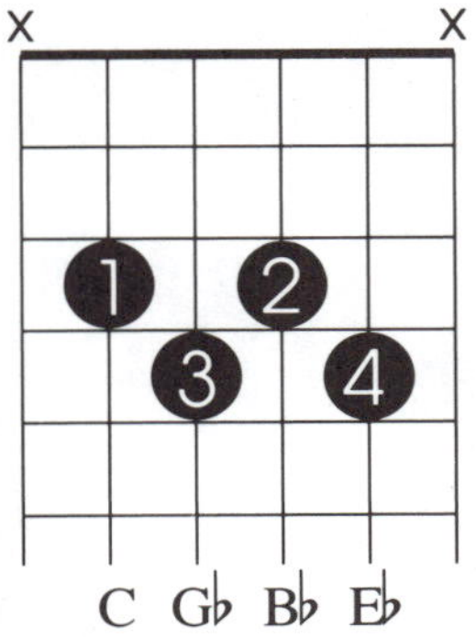

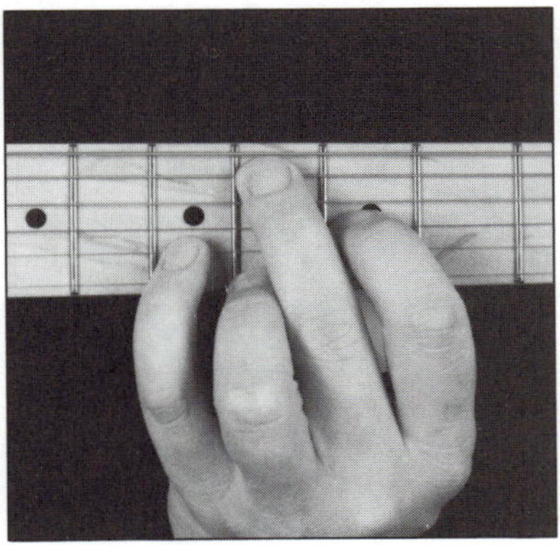

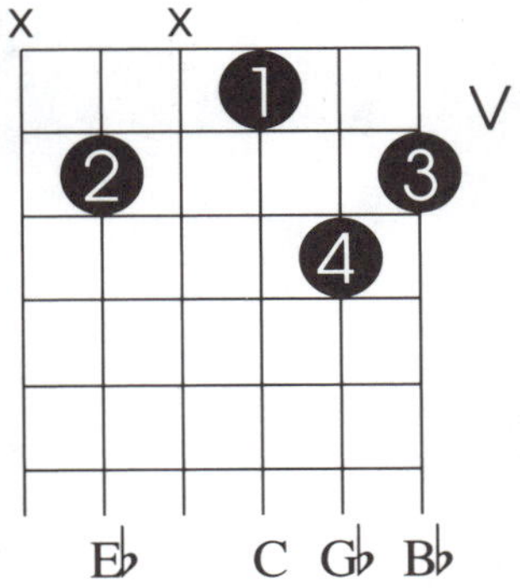

Eb C Gb Bb

77

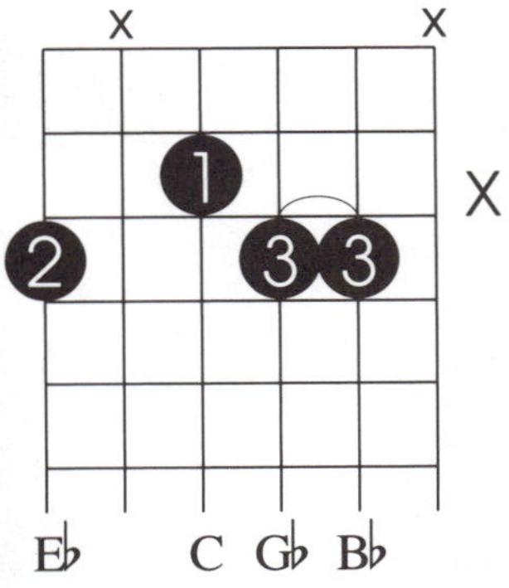

E♭m7

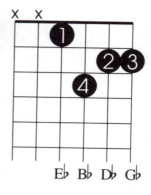

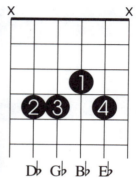

E♭ B♭ D♭ G♭

D♭ G♭ B♭ E♭

VI

E♭ B♭ D♭ G♭ B♭

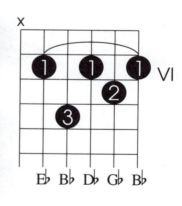

E♭

XI

E♭ D♭ G♭ B♭

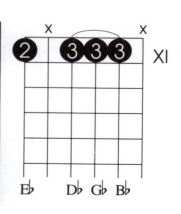

E♭m(maj7)

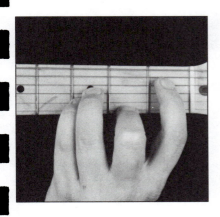

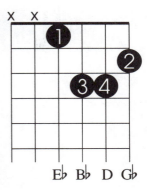

E♭ B♭ D G♭

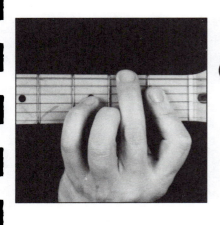

VI

E♭ B♭ D G♭ B♭

E♭m9

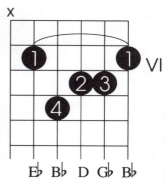

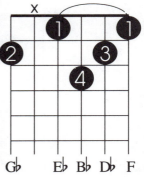

G♭ E♭ B♭ D♭ F

XI

E♭ D♭ G♭ B♭ F

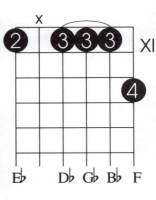

E♭m11

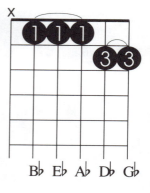

x

① ① ①

③ ③

B♭ E♭ A♭ D♭ G♭

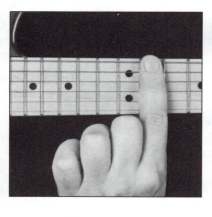

① ① ① ① ① ① XI

E♭ A♭ D♭ G♭ B♭ E♭

E♭m13

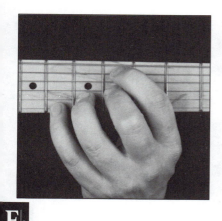

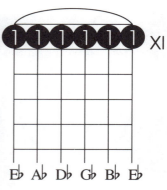

x   x

①   ②

③

④

VI

E♭   D♭ G♭ C

E♭

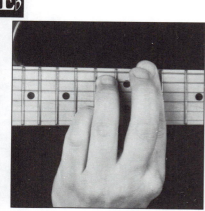

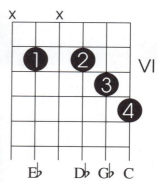

① ① ① ① XI

③   ④

E♭ B♭ D♭ G♭ C E♭

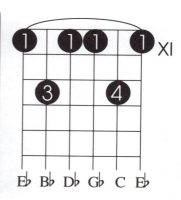

E♭m7♭5

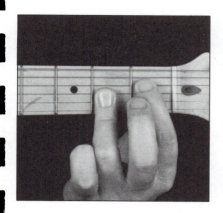

X X
Eb Bbb Db Gb

X   X
VI
Eb Bbb Db Gb

E♭°7

X X
Eb Bbb Dbb Gb

E♭

X   X
V
Eb Bbb Dbb Gb

81

E♭7

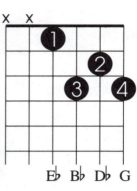

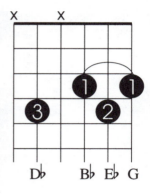

E♭ B♭ D♭ G

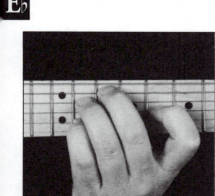
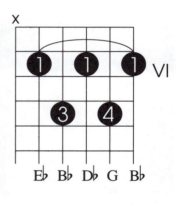

D♭ B♭ E♭ G

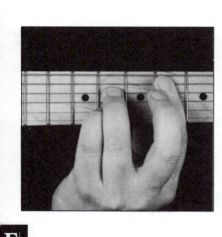
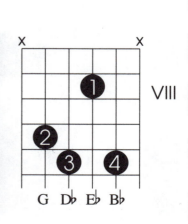

VI

E♭ B♭ D♭ G B♭

E♭

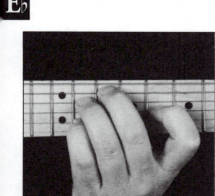

VIII

G D♭ E♭ B♭

E♭7

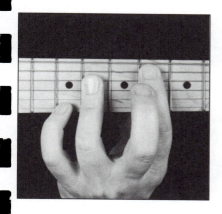

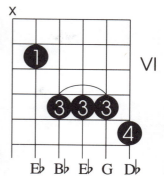

E♭	B♭	E♭	G	D♭

VI

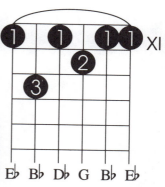

E♭	B♭	D♭	G	B♭	E♭

XI

E♭7sus4

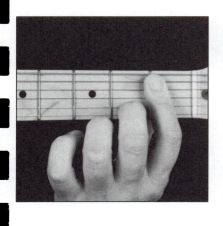

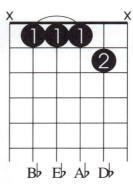

B♭	E♭	A♭	D♭

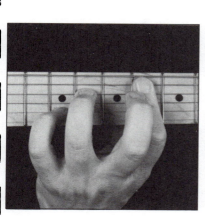

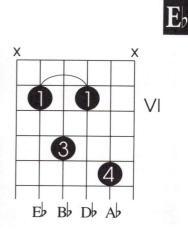

E♭	B♭	D♭	A♭

VI

E♭

83

E♭7♭5

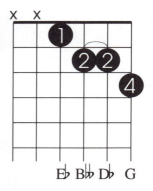

E♭   B♭♭   D♭   G

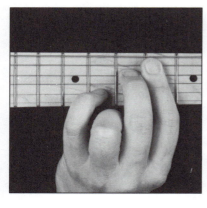

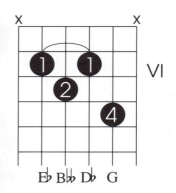

VI

E♭   B♭♭   D♭   G

E♭7♯5

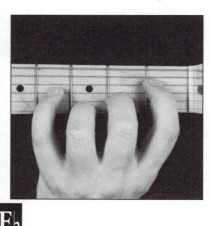

E♭   B   D♭   G

E♭

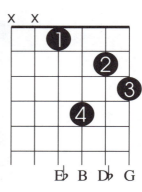

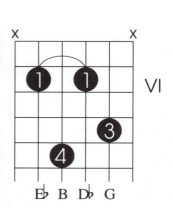

VI

E♭   B   D♭   G

E♭9

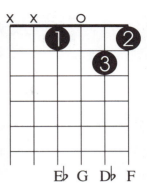

X X   O

E♭ G D♭ F

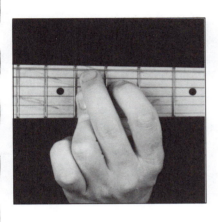

X

V

E♭ G D♭ F B♭

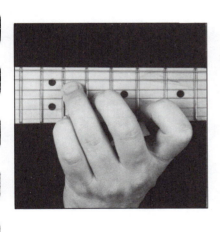

X X

VIII

D♭ F G E♭

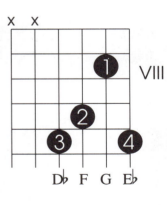

E♭

XI

E♭ B♭ D♭ G B♭ F

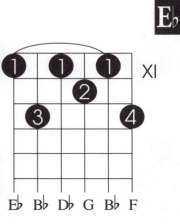

E♭9sus4

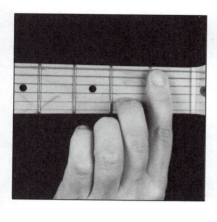

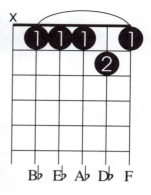

B♭ E♭ A♭ D♭ F

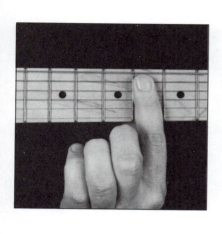

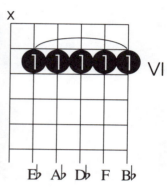

VI

E♭ A♭ D♭ F B♭

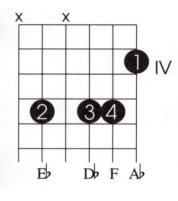

IV

E♭ D♭ F A♭

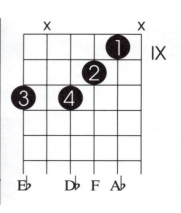

IX

E♭ D♭ F A♭

86

E♭9♭5

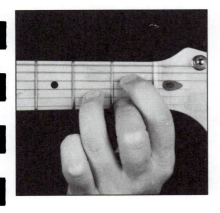

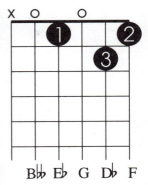

B♭♭ E♭ G D♭ F

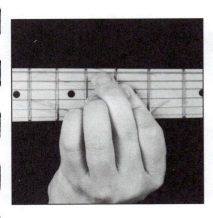

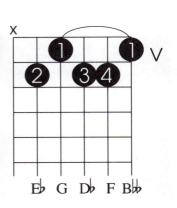

E♭ G D♭ F B♭♭

E♭9♯5

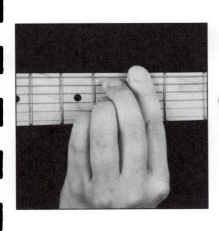

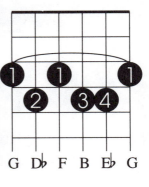

G D♭ F B E♭ G

E♭

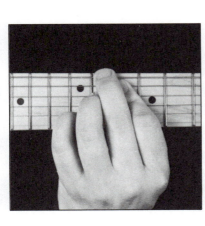

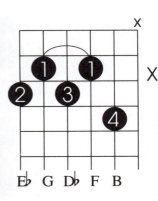

E♭ G D♭ F B

E♭13

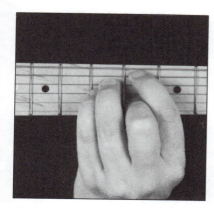

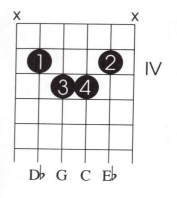

IV

D♭ G C E♭

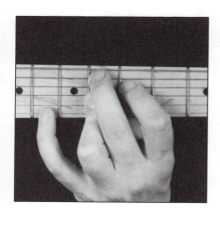

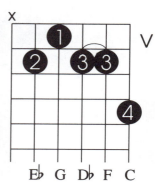

V

E♭ G D♭ F C

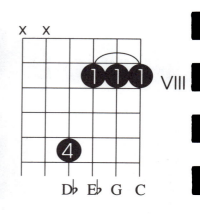

VIII

D♭ E♭ G C

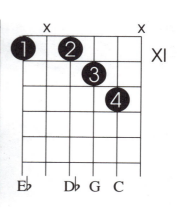

XI

E♭ D♭ G C

E

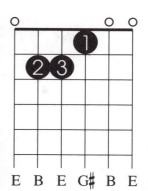

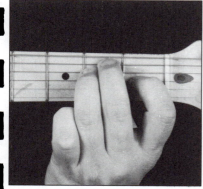

E B E G# B E

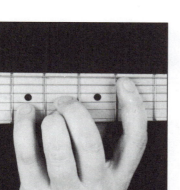
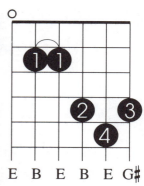

E B E B E G#

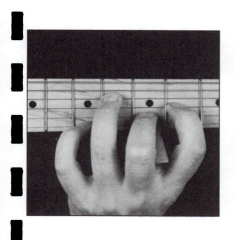
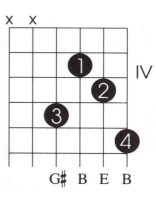

IV

G# B E B

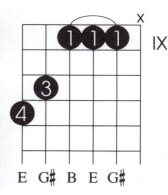

IX

E G# B E G#

89

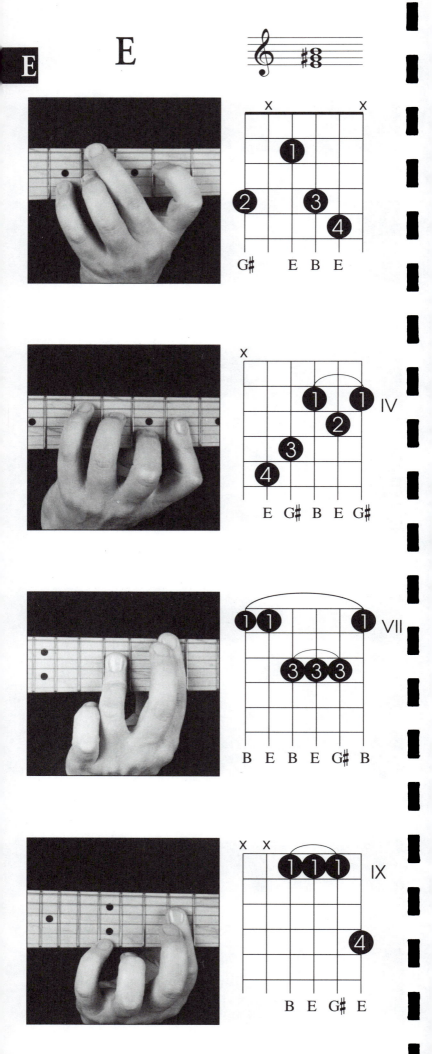

E

Esus4

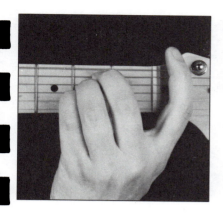

E B E A B E

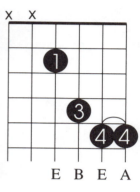

E B E A

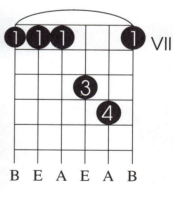

VII

B E A E A B

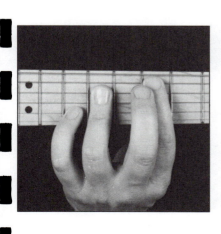

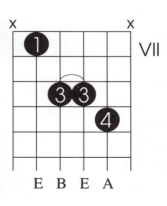

VII

E B E A

E6

E B E G# C# E

E B C# G#

VII

E B E G# C#

IX

G# C# E B

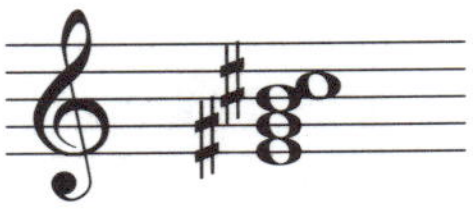

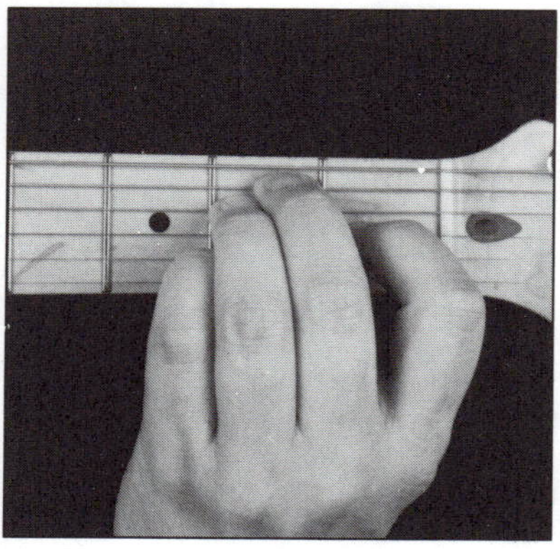

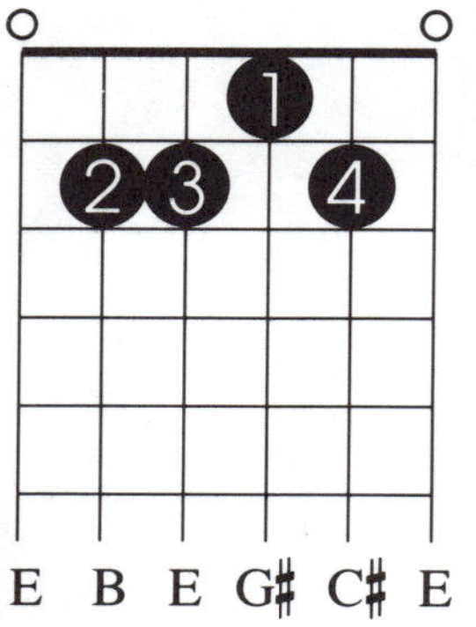

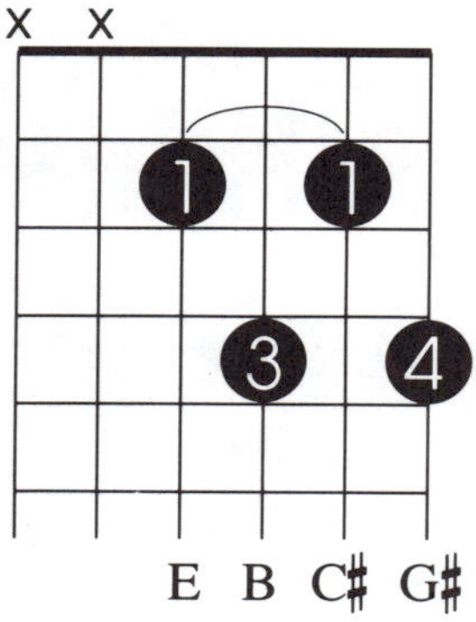

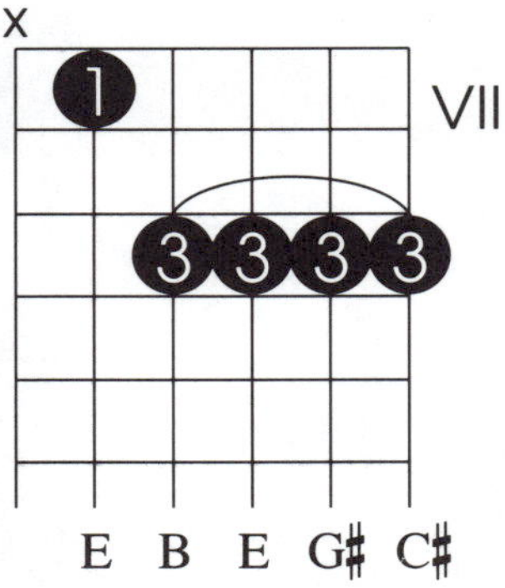

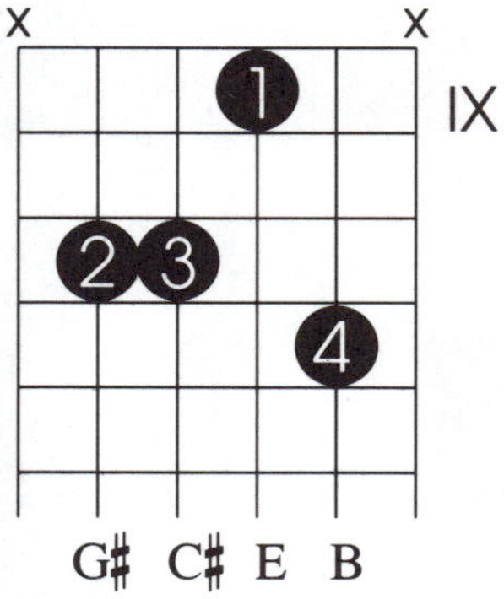

E6/9

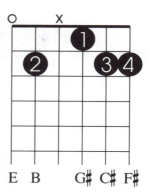

E B G# C# F#

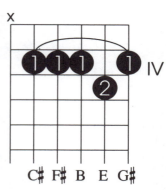

IV

C# F# B E G#

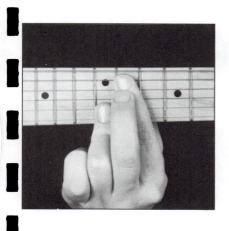

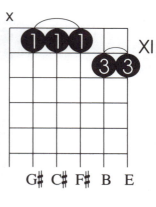

XI

G# C# F# B E

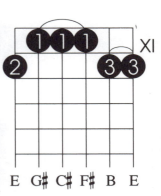

XI

E G# C# F# B E

Emaj7

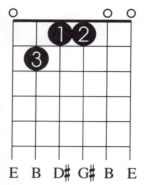

E B D# G# B E

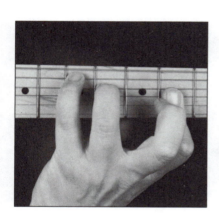

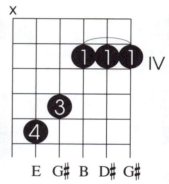

IV

E G# B D# G#

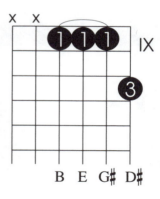

IX

B E G# D#

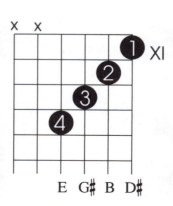

XI

E G# B D#

Emaj9

E B F# B D# G#

IV

E F# B D# G#

Emaj13

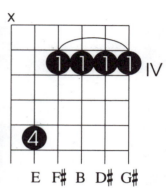

E B D# G# C# F#

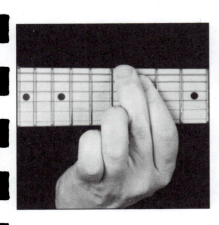

XI

E G# C# F# B D#

Em

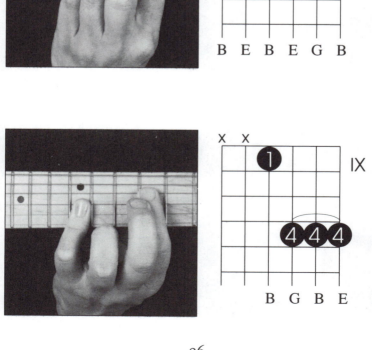

E B E G B E

x x
G B E G

VII
B E B E G B

x x
IX
B G B E

Em

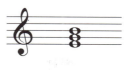

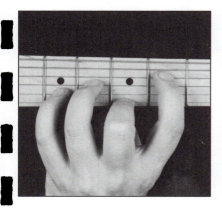

x x

① ② ③ ④

E B E G

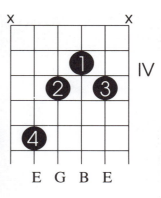

x x

① ② ③ ④

E G B E

IV

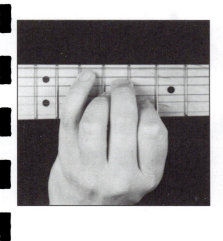

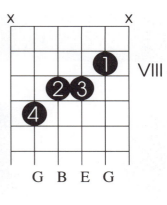

x x

① ② ③ ④

G B E G

VIII

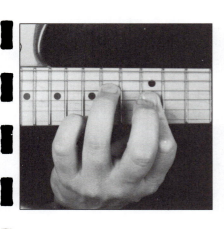

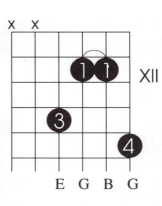

x x

① ① ③ ④

E G B G

XII

Em6

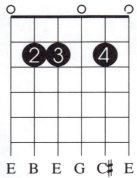

E B E G C# E

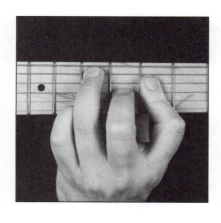

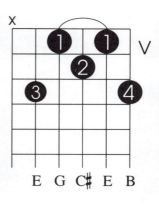

V

E G C# E B

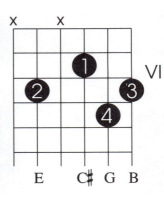

VI

E C# G B

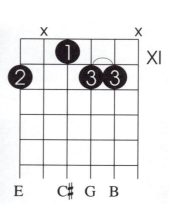

XI

E C# G B

Em7

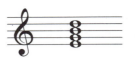

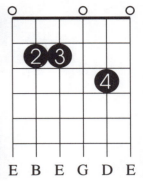

E B E G D E

IV

D G B E

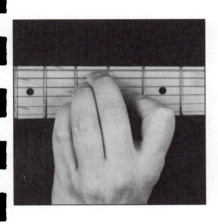

VII

E B D G

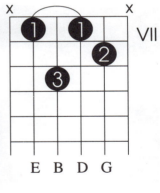

XII

E D G B

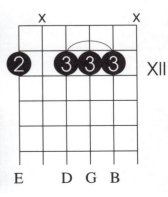

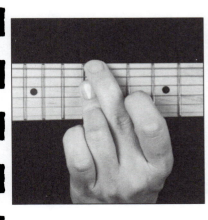

Em(maj7)

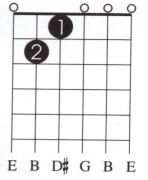

E B D# G B E

IV

E G B D#

Em9

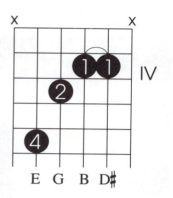

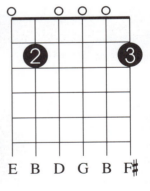

E B D G B F#

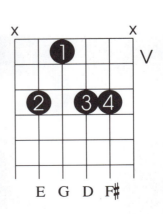

V

E G D F#

Em11

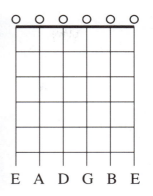

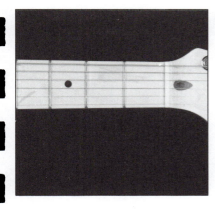

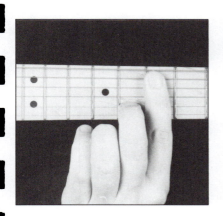

E A D G B E

E A D G B

VII

Em13

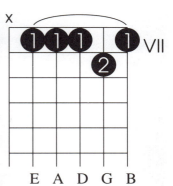

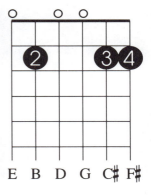

E B D G C# F#

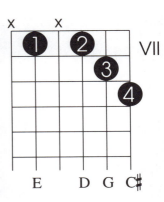

VII

E D G C#

Em7♭5

x x

1
3 3 3

E B♭ D G

x   x

2   1
        3 3

G   E B♭ D

E°7

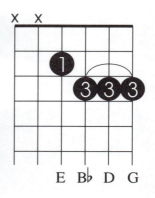

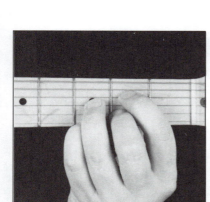

x x

1   2
    3   4

E B♭ D♭ G

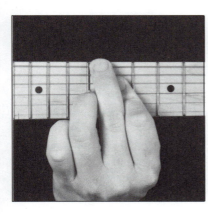

x   x

1   1   XI
2   3

E   D♭ G B♭

E7

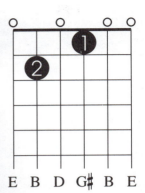

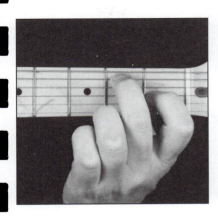

E B D G# B E

G#   E B D

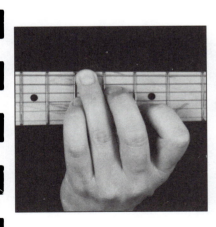

B E G# D E

V

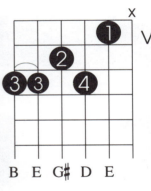

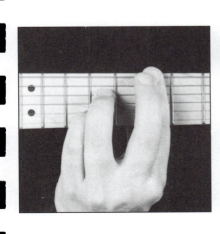

B E B D G# B

VII

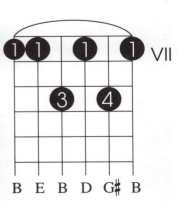

E7

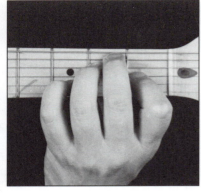

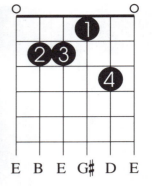

E B E G# D E

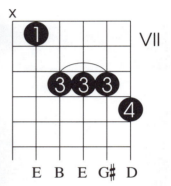

VII

E B E G# D

E7sus4

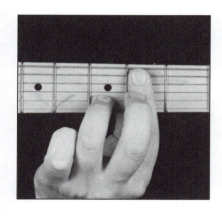

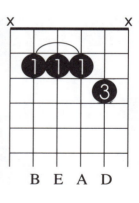

B E A D

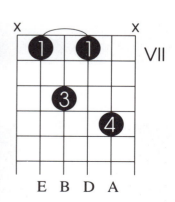

VII

E B D A

E7♭5

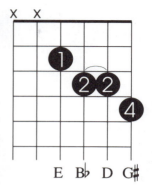

E B♭ D G♯

VII

E B♭ D G♯

E7♯5

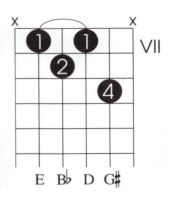

O   O   X

E B♯ D G♯ B♯

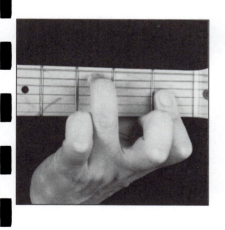

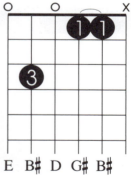

VII

E B♯ D G♯

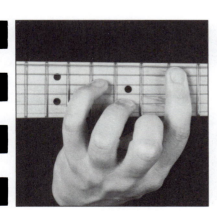

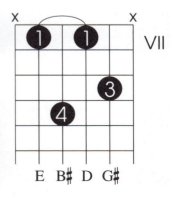

E9

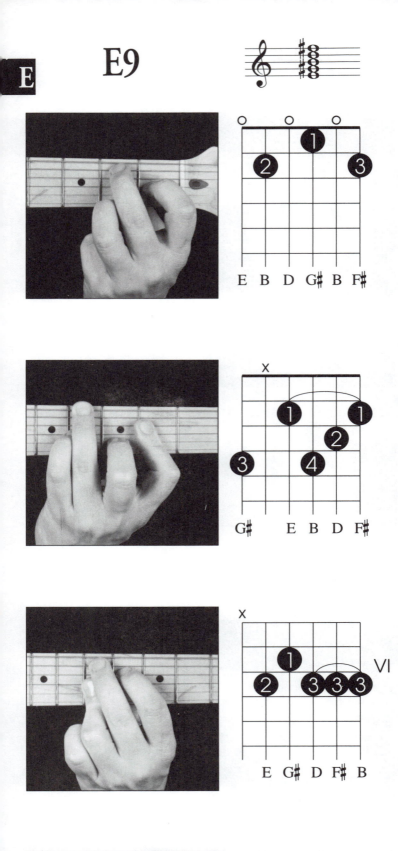

E B D G# B F#

G# E B D F#

E G# D F# B   VI

E D F# G#   IX

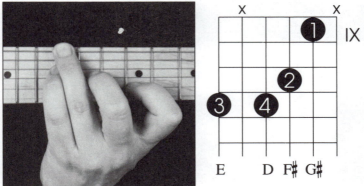

E9sus4

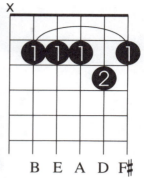

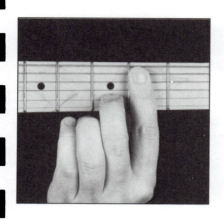

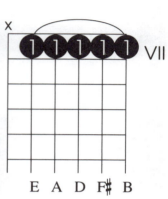

B E A D F#

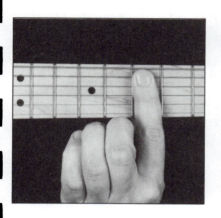

VII

E A D F# B

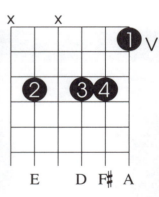

V

E D F# A

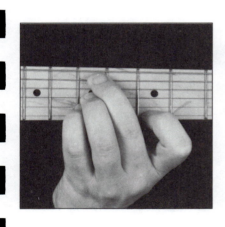

X

E D F# A

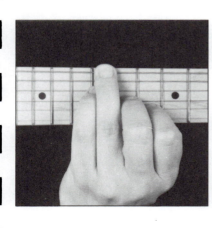

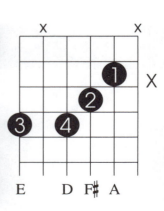

E9♭5

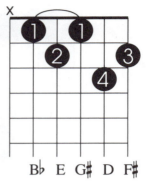

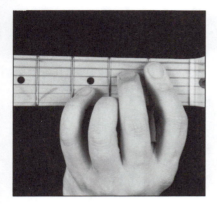

Bb E G# D F#

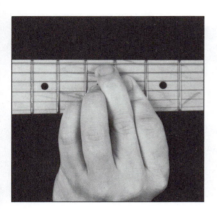

E G# D F# Bb

VI

E9♯5

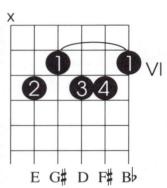

E B# D G# B# F#

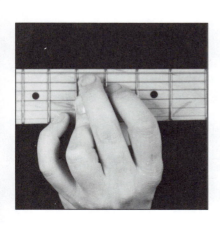

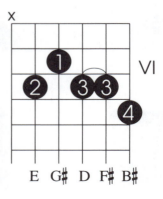

E G# D F# B#

VI

E13

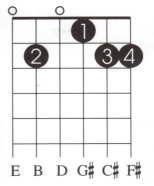

O   O

E B D G# C# F#

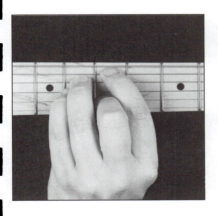

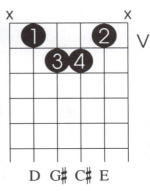

x   x

V

D G# C# E

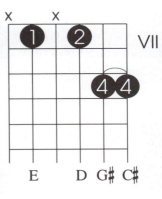

x   x

VII

E   D G# C#

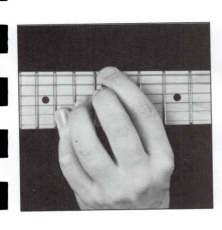

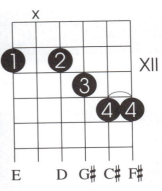

x

XII

E   D G# C# F#

109

F

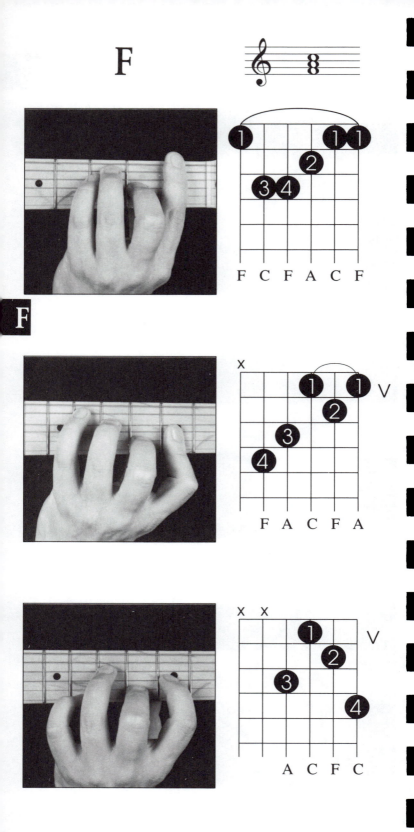

F C F A C F

F A C F A

A C F C

C F A F

F

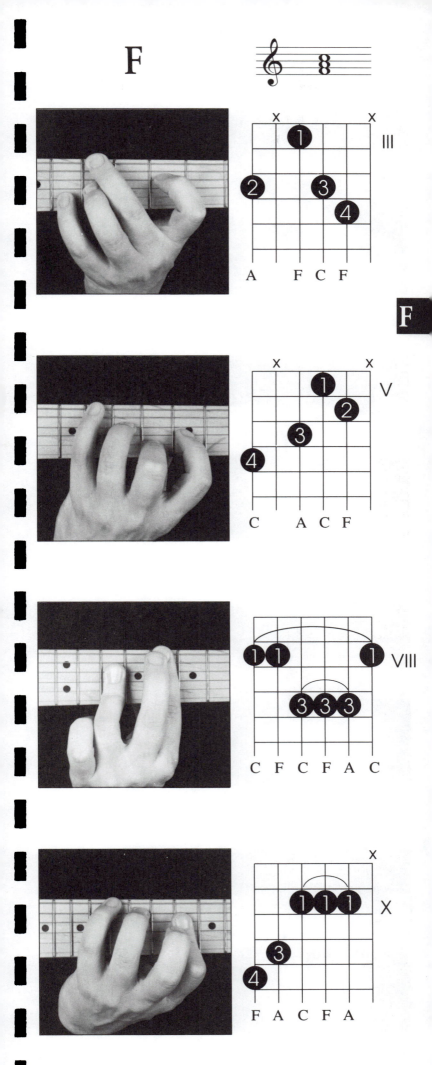

Fsus4

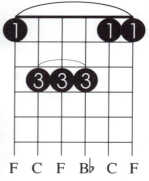

F C F B♭ C F

F

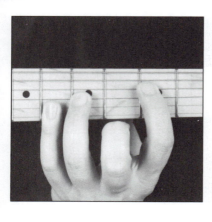

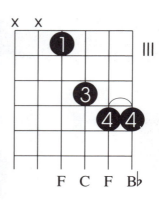

III

F C F B♭

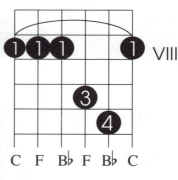

VIII

C F B♭ F B♭ C

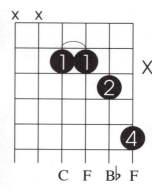

X

C F B♭ F

F6

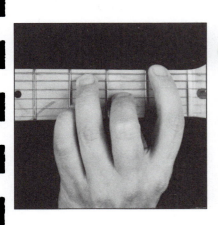

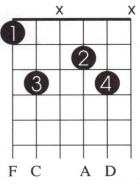

F C   A D

F

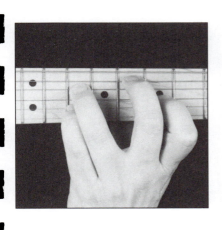

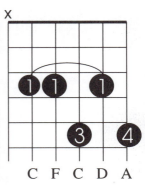

C F C D A

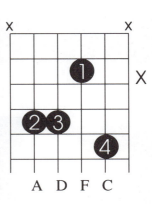

VII

F C D A

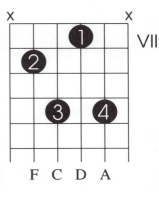

X

A D F C

113

F6/9

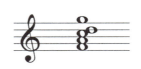

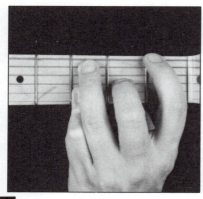

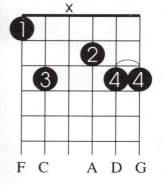

F C   A D G

F

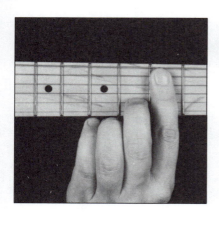

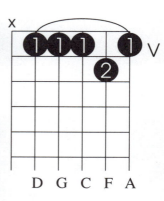

D G C F A   V

F G C F A D   X

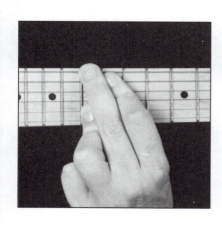

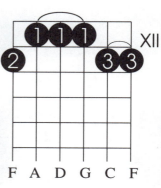

F A D G C F   XII

Fmaj7

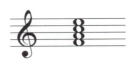

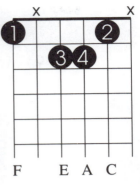

F   E A C

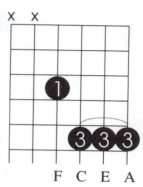

F C E A

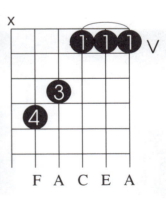

V

F A C E A

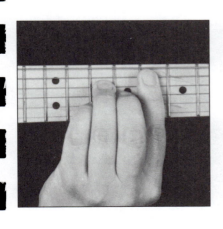
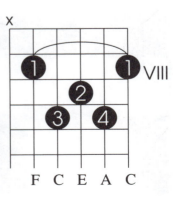

VIII

F C E A C

Fmaj9

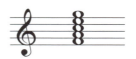

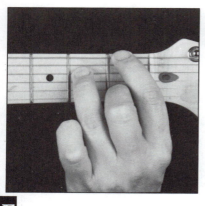

F A E G C

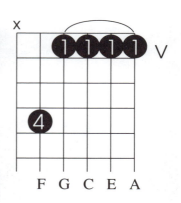

V

F G C E A

Fmaj13

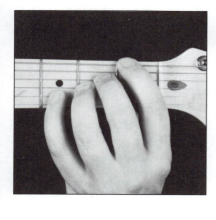

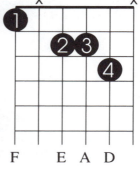

F   E A D

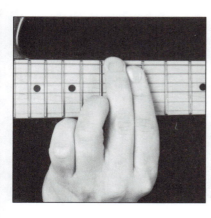

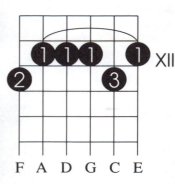

XII

F A D G C E

Fm

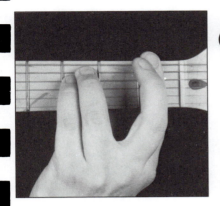
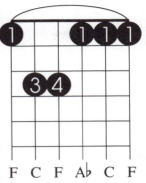

F C F A♭ C F

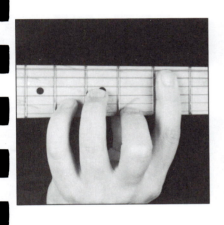

III

C F C F A♭

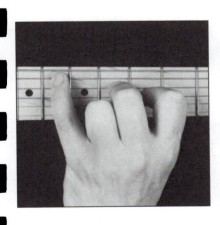

V

F A♭ C F

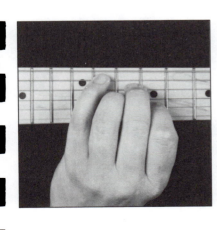
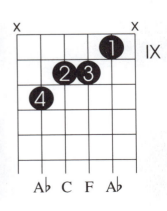

IX

A♭ C F A♭

Fm

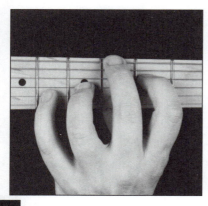

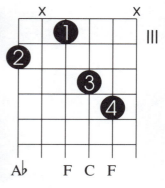

III

Ab   F   C   F

F

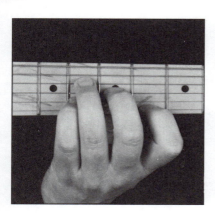

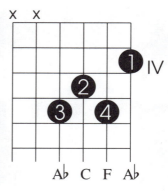

IV

Ab   C   F   Ab

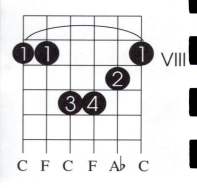

VIII

C   F   C   F   Ab   C

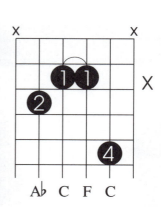

X

Ab   C   F   C

Fm6

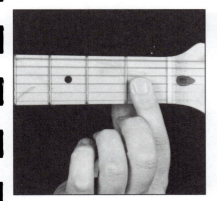

x x o

D A♭ C F

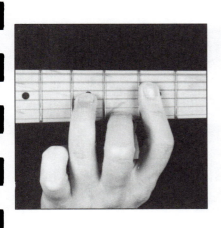

x x

F C D A♭

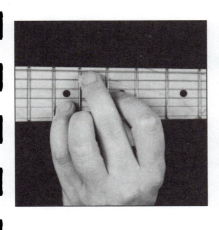

x x

VII

F D A♭ C

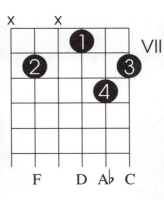

x

XII

F D A♭ C F

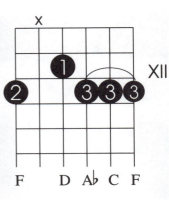

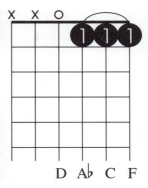

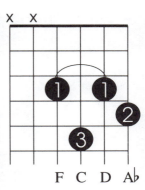

Fm7

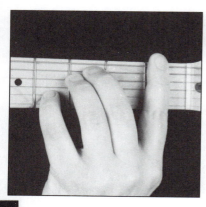

F C F A♭ E♭ F

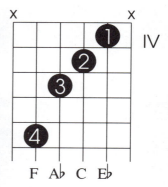
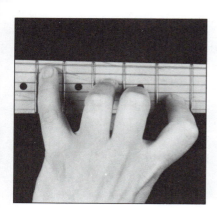

IV

F A♭ C E♭

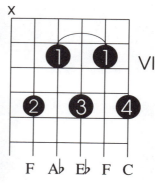

VI

F A♭ E♭ F C

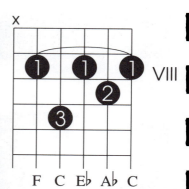
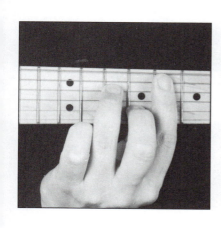

VIII

F C E♭ A♭ C

Fm(maj7)

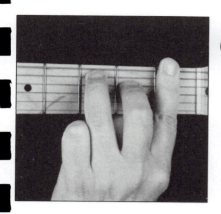

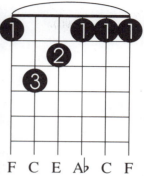

F C E A♭ C F

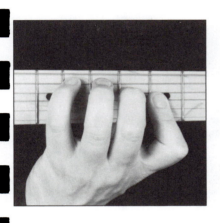

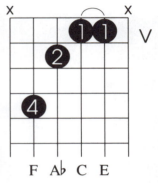

V

F A♭ C E

Fm9

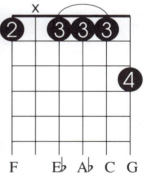

F E♭ A♭ C G

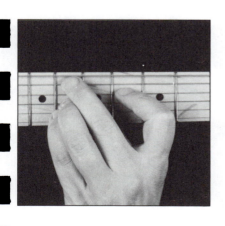

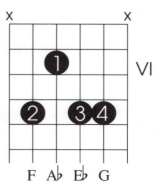

VI

F A♭ E♭ G

Fm11

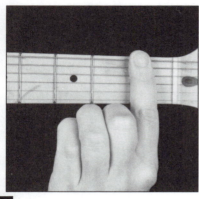

F

F Bb Eb Ab C F

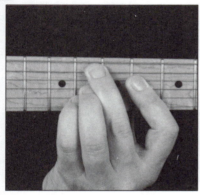

VI

F Ab Eb G Bb

Fm13

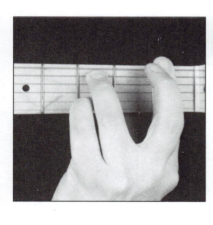

F C Eb Ab D F

VI

F Ab Eb G D

Fm7♭5

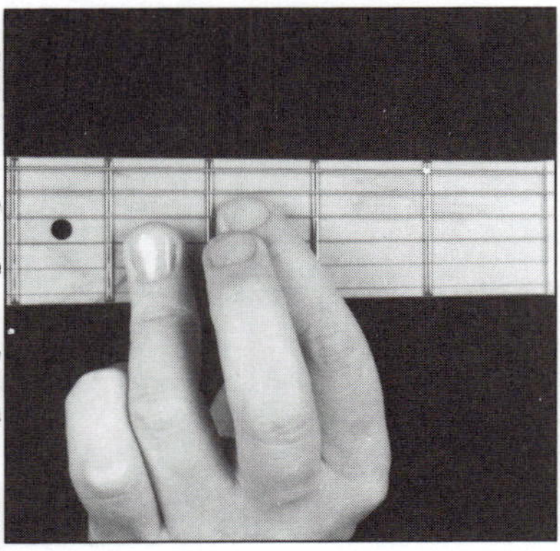

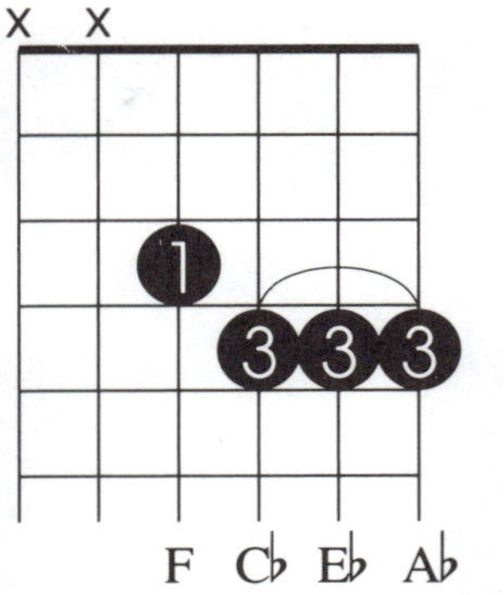

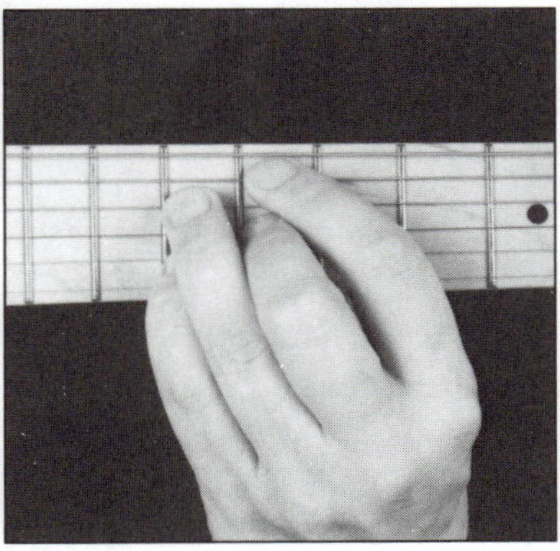

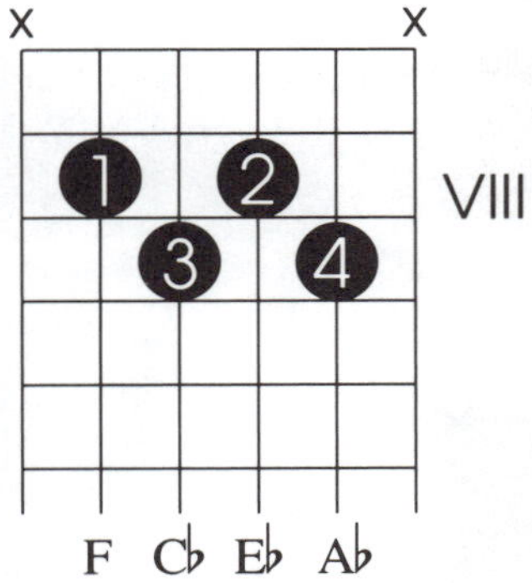

F C♭ E♭ A♭

VIII

F C♭ E♭ A♭

F°7

F C♭ E♭♭ A♭

VII

F C♭ E♭♭ A♭

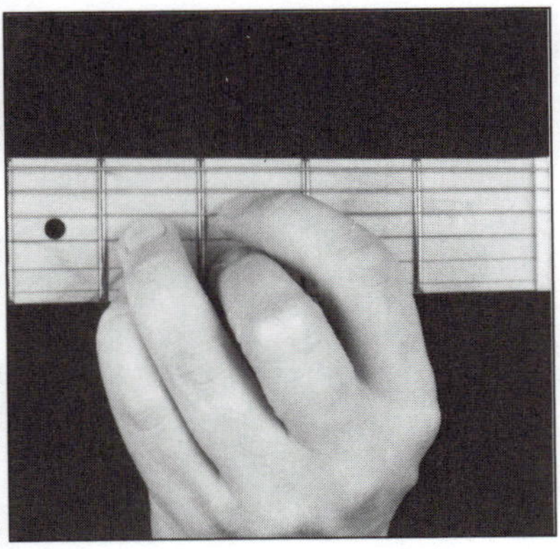

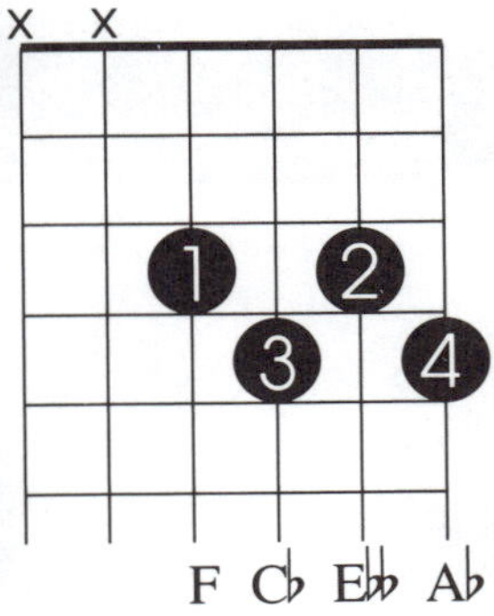

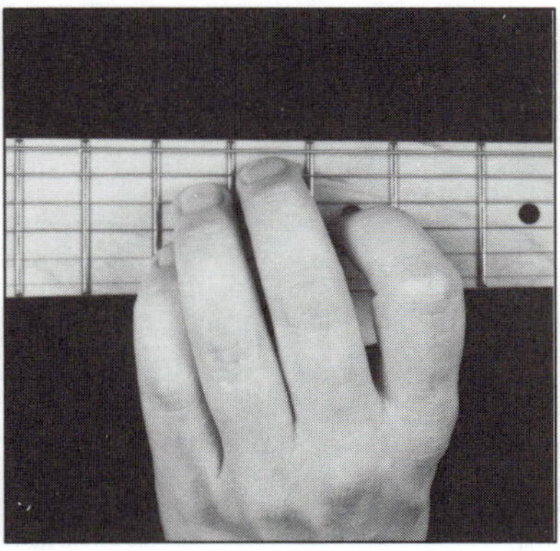

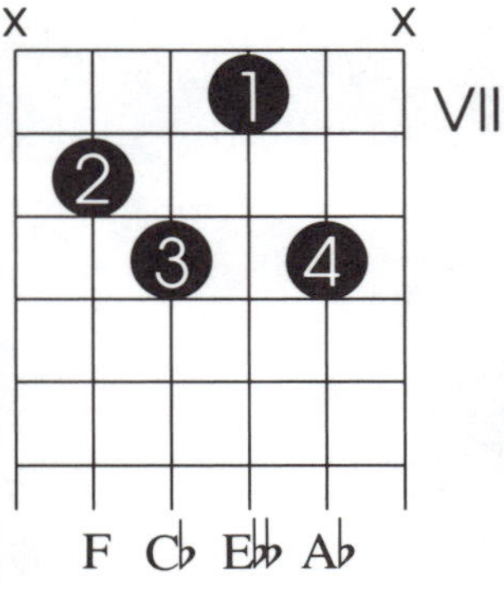

F7

F C E♭ A C F

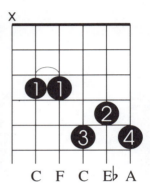

C F C E♭ A

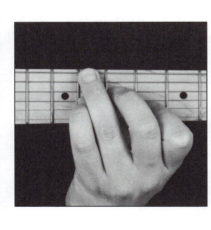

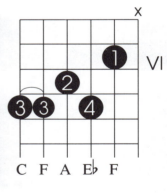

VI

C F A E♭ F

VIII

F C F A E♭

F7

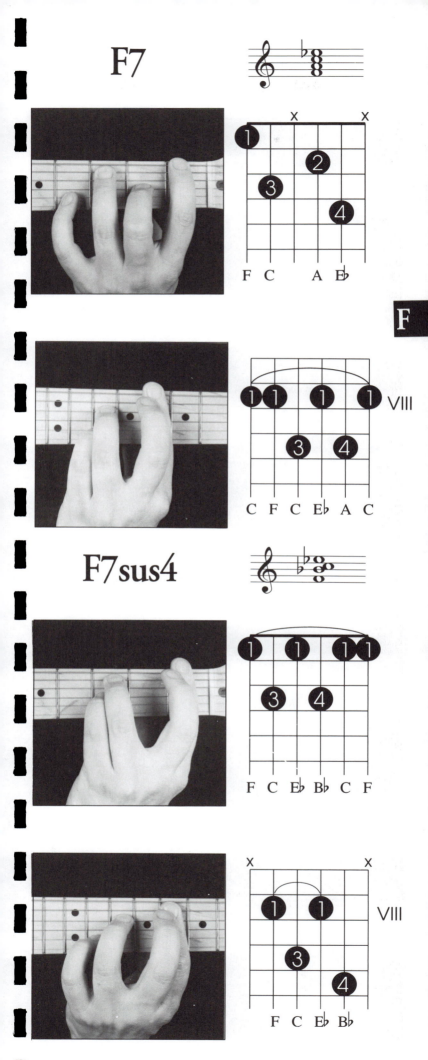

F7sus4

F7♭5

X   O X

F   E♭ A C♭

F

X   X

VIII

F C♭ E♭ A

F7♯5

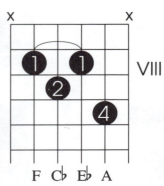

X   X

F   E♭ A C♯

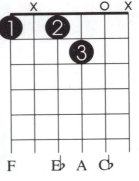

X   X

VIII

F C♯ E♭ A

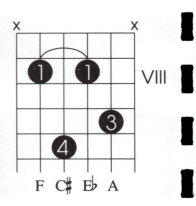

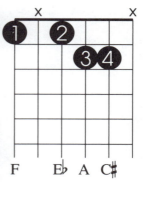

F9

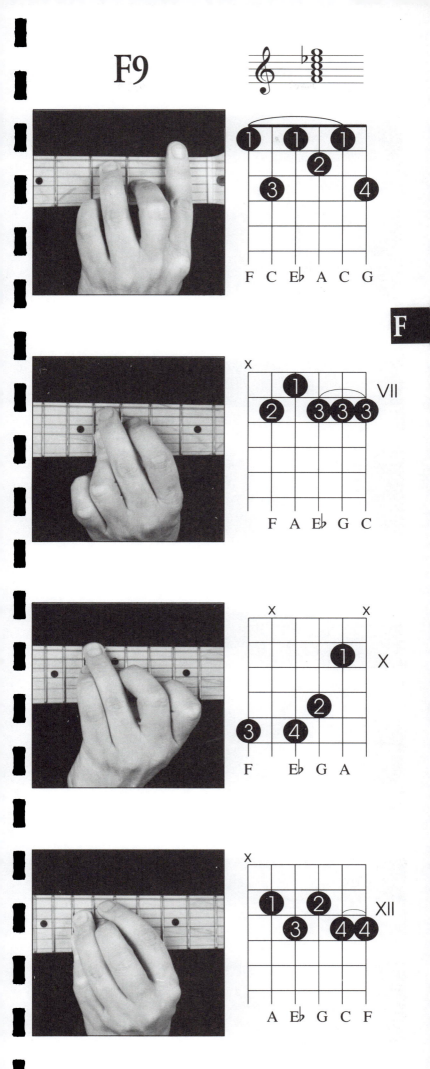

F C Eb A C G

VII

F A Eb G C

X

F Eb G A

XII

A Eb G C F

F9sus4

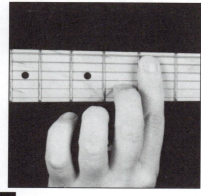
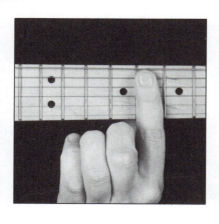

C F B♭ E♭ G

F

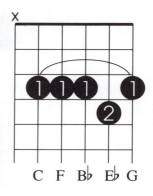
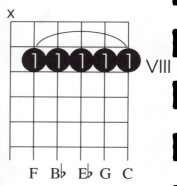

VIII

F B♭ E♭ G C

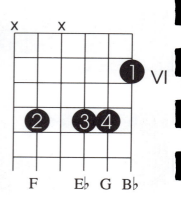

VI

F   E♭ G B♭

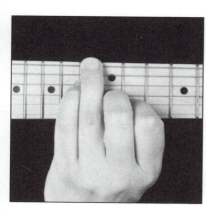
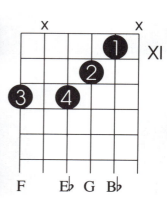

XI

F   E♭ G B♭

128

F9♭5

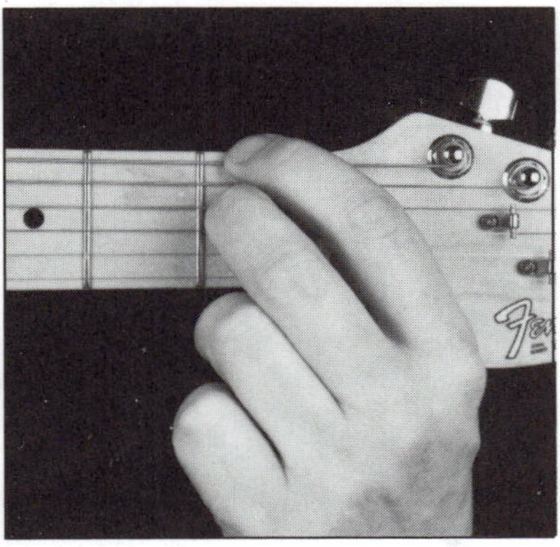

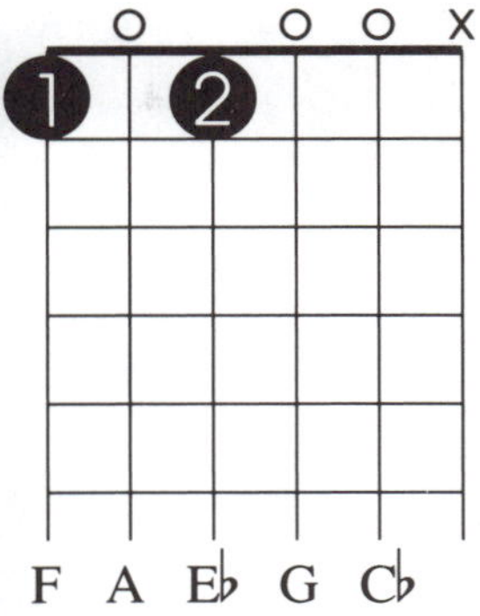

F A E♭ G C♭

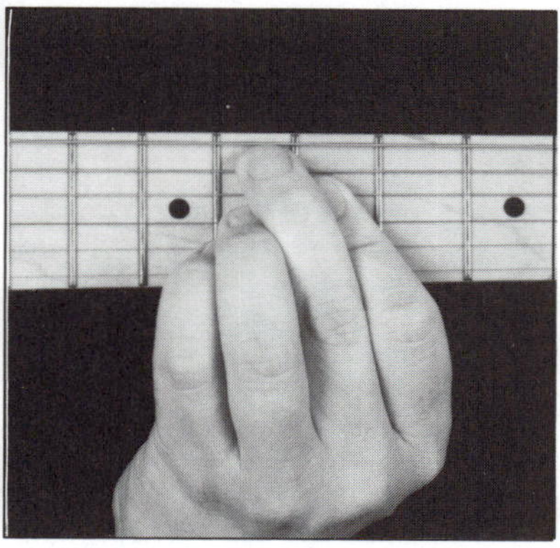

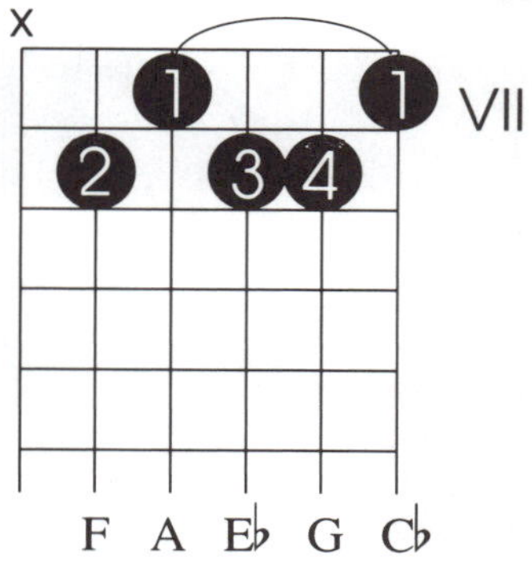

VII

F A E♭ G C♭

F9♯5

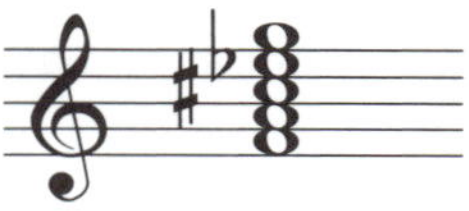

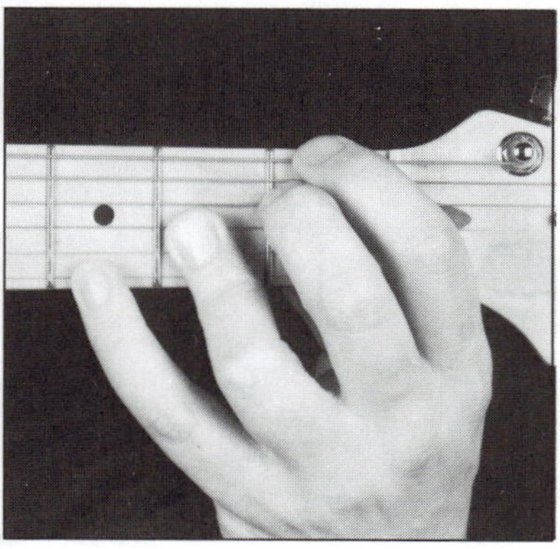

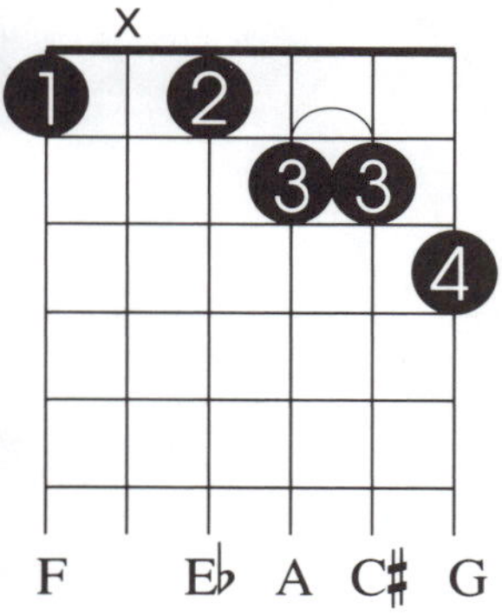

F E♭ A C♯ G

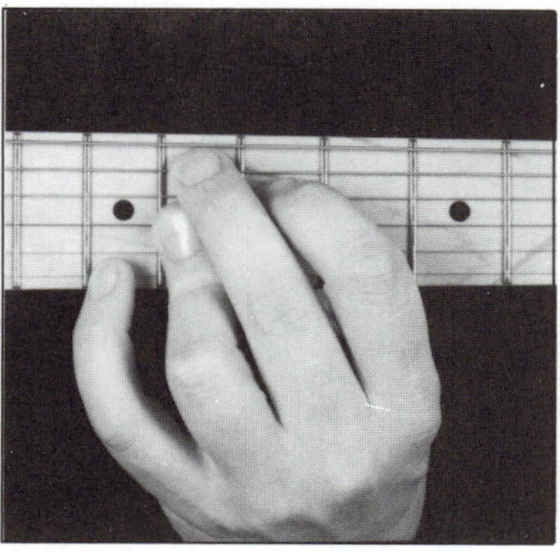

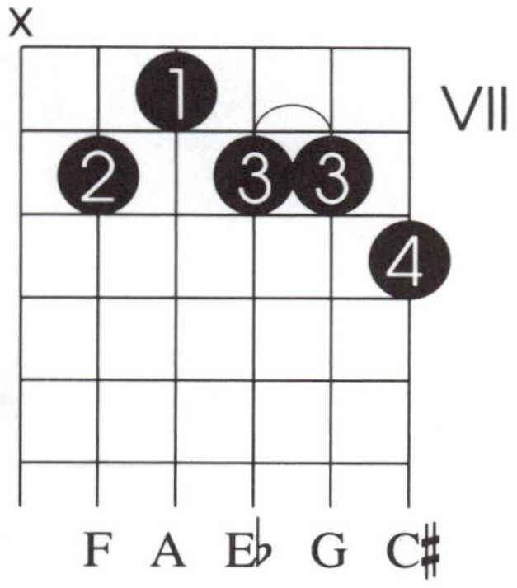

VII

F A E♭ G C♯

F13

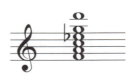

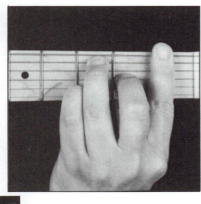

F C E♭ A D F

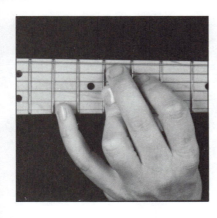

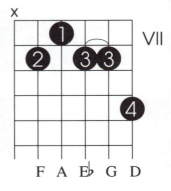

VII

F A E♭ G D

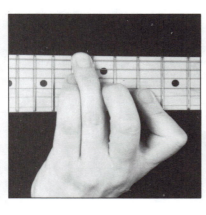

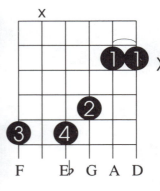

X

F E♭ G A D

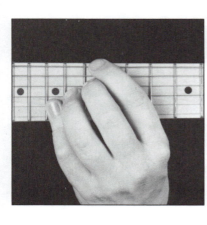

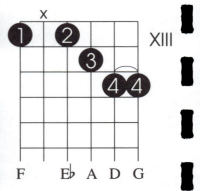

XIII

F E♭ A D G

F#

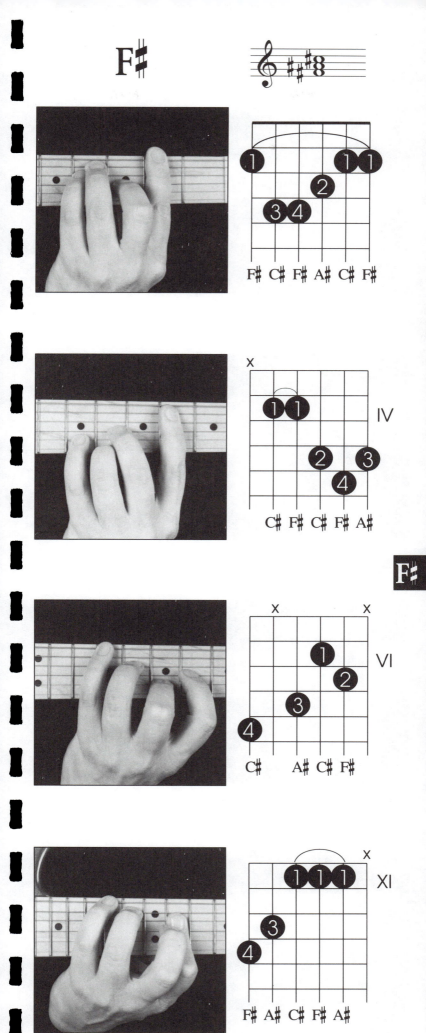

F# C# F# A# C# F#

IV

C# F# C# F# A#

VI

C# A# C# F#

XI

F# A# C# F# A#

F#

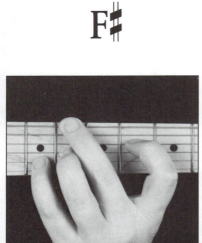

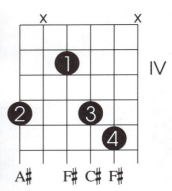

x   x

IV

A#   F# C# F#

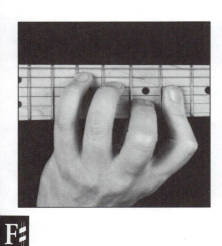

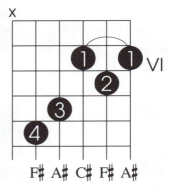

x

VI

F# A# C# F# A#

F#

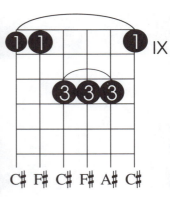

IX

C# F# C# F# A# C#

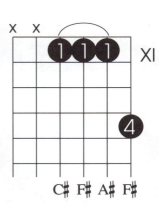

x   x

XI

C# F# A# F#

F#sus4

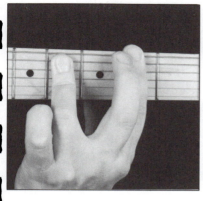

F# C# F# B C# F#

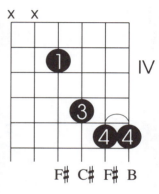

IV

F# C# F# B

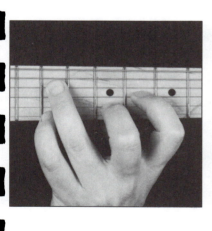

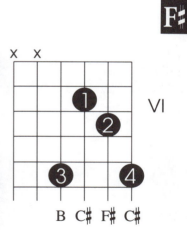

VI

B C# F# C#

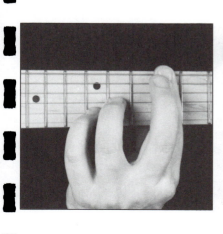

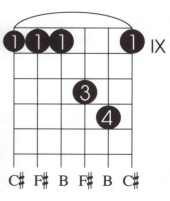

IX

C# F# B F# B C#

F#6

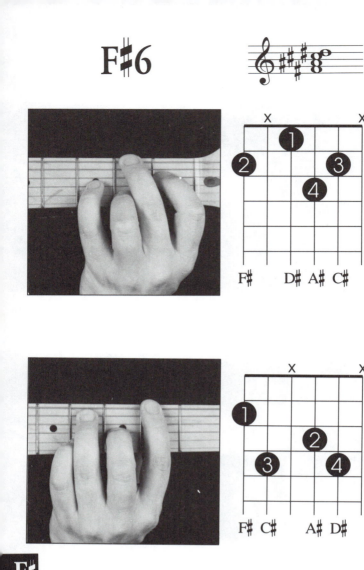

X   X

F#　D# A# C#

X   X

F# C#　A# D#

X   X

VIII

F# C# D# A#

X

IX

F# C# F# A# D#

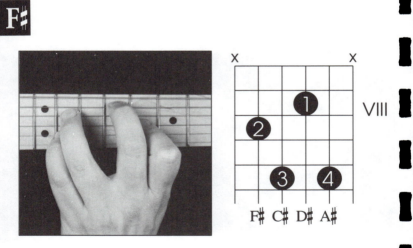

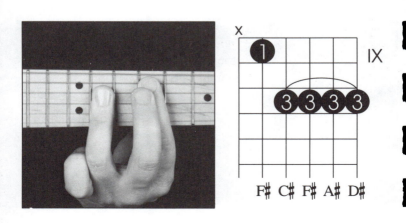

F#6/9

F# A# D# G# C# F#

x

C# F# A# D# G#

x

VIII

F# A# D# G# C#

XI

F# G# C# F# A# D#

F#maj7

F# A# C# E#

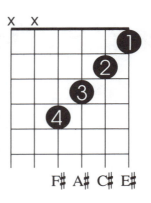

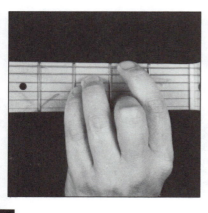

F# E# A# C#

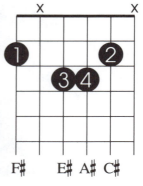

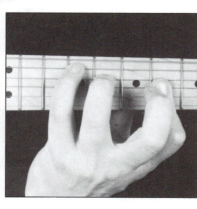

VI

F# A# C# E# A#

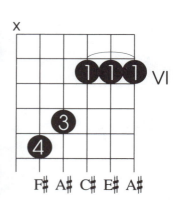

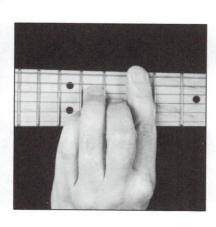

IX

C# F# C# E# A# C#

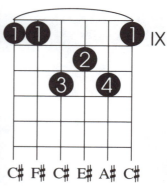

F#maj9

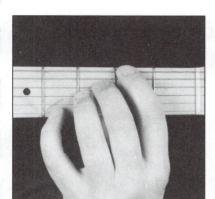

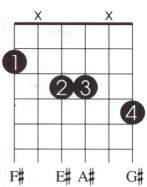

F#   E# A#   G#

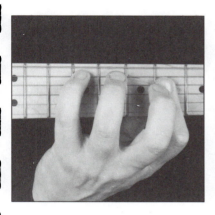

VI

F# G# C# E# A#

F#maj13

F#

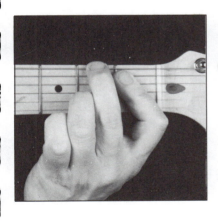

F# A# D# G# C# E#

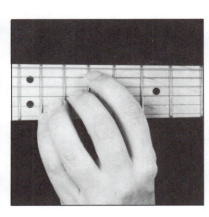

IX

F#   E# A# D#

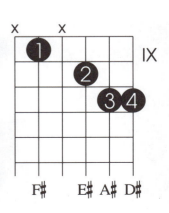

F#m

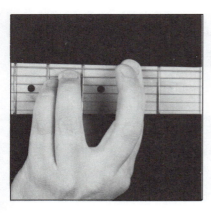

F# C# F# A C# F#

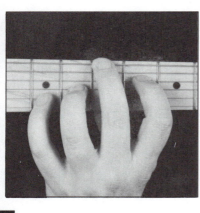
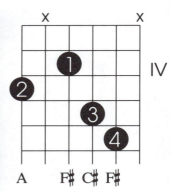

IV

A   F# C# F#

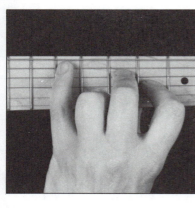
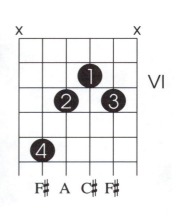

VI

F# A C# F#

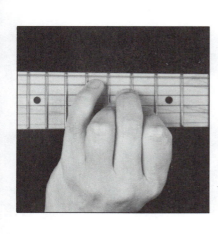
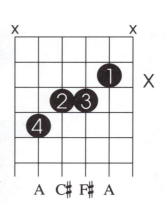

X

A C# F# A

F#m

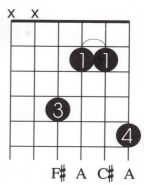

x x

F# A C# A

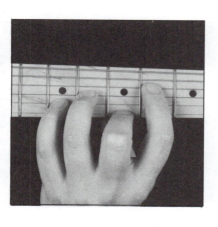

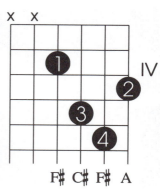

x x

IV

F# C# F# A

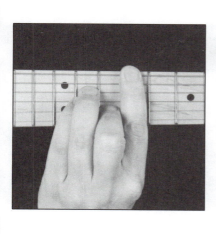

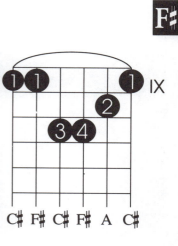

IX

C# F# C# F# A C#

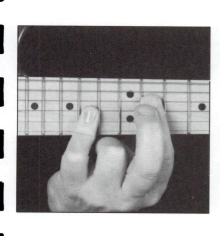

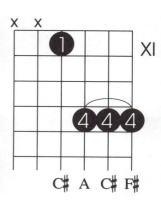

x x

XI

C# A C# F#

F#m6

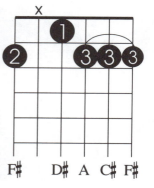

X

F# D# A C# F#

X X

IV

F# C# D# A

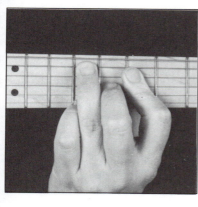

X

VII

F# A D# F# C#

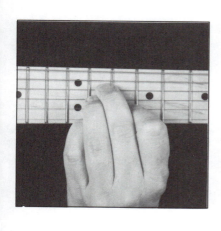

X X

X

C# F# A D#

F#m7

x   x

2   3 3 3

F#   E A C#

x x

1

2 3

4

IV

F# C# E A

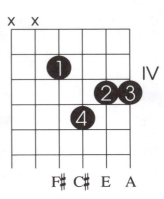

F#

x

1   1

2   3   4

VII

F# A E F# C#

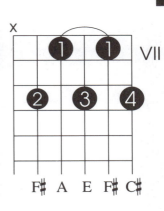

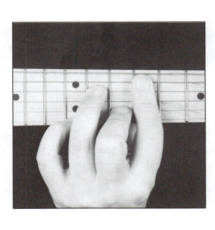

x

1   1

2

3

4

IX

F# C# E A E

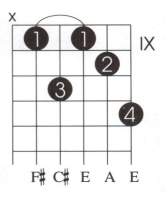

F#m(maj7)

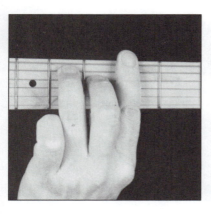

F# C# E# A C# F#

IV

F# C# E# A

F#m9

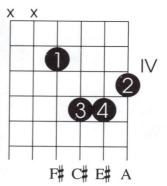

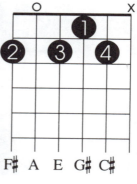

F# A E G# C#

VII

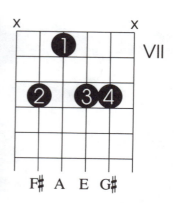

F# A E G#

F#m11

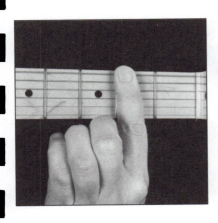

F# B E A C# F#

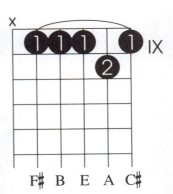

x IX

F# B E A C#

F#m13

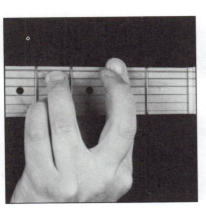

F# C# E A D# F#

F#

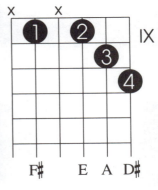

x x IX

F# E A D#

143

F#m7b5

E A C F#

IV

F# C E A

F#°7

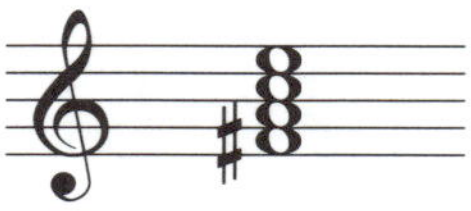

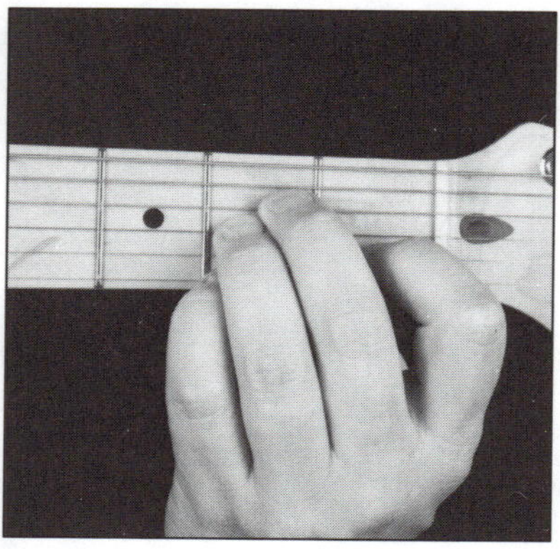

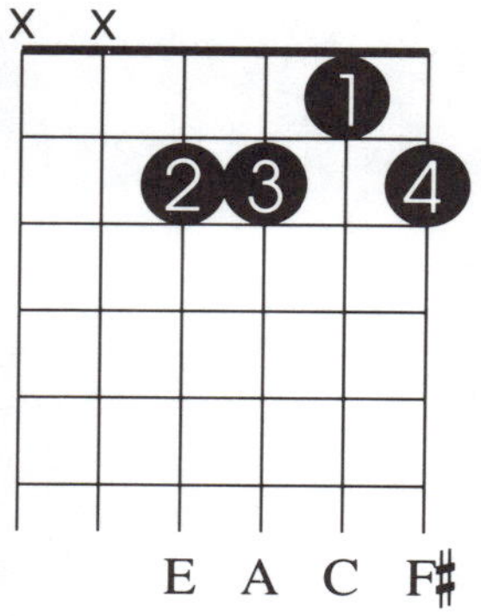

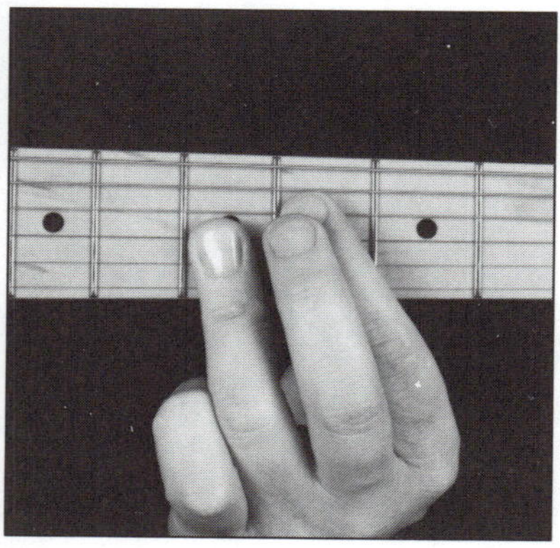

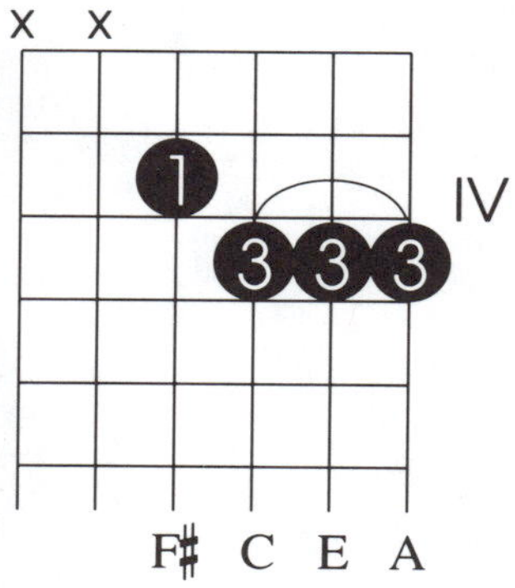

F# Eb A C

V

Eb A C F#

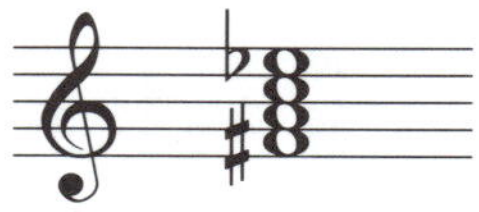

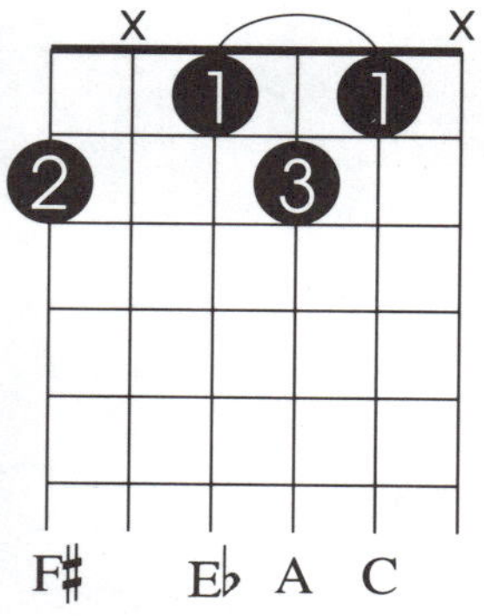

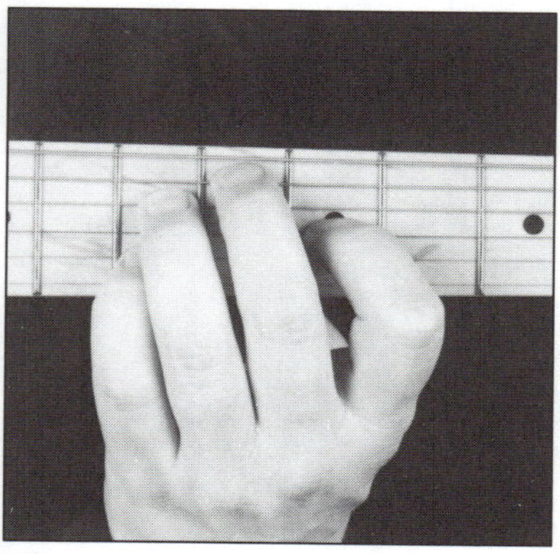

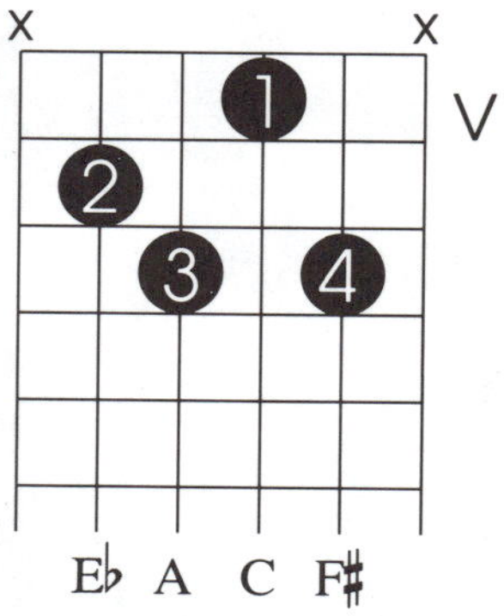

F#7

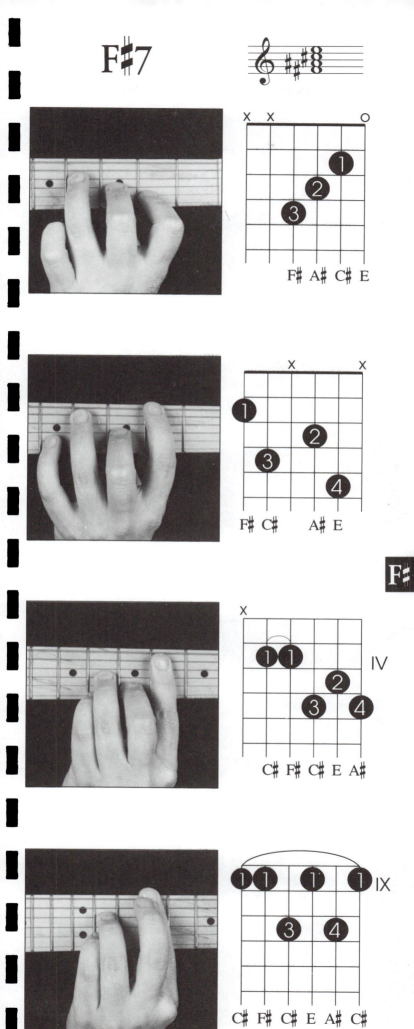

F# A# C# E

F# C# A# E

C# F# C# E A#   IV

C# F# C# E A# C#   IX

F#7

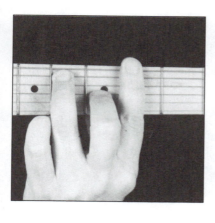

F# C# E A# C# F#

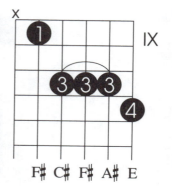

x   IX

F# C# F# A# E

F#7sus4

F# C# E B C# F#

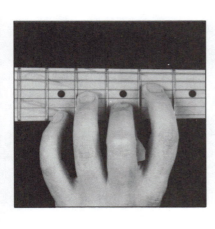

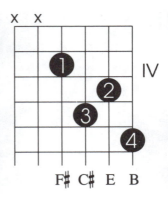

x x   IV

F# C# E B

146

F#7b5

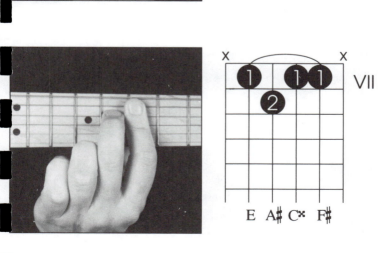

F#   E A# C

C   A# E F#

F#7#5

F#   E A# C×

E A# C× F#

F#9

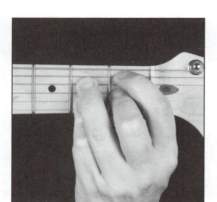

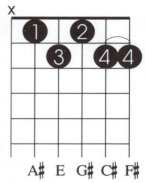

A# E G# C# F#

F# A# E G#

F#

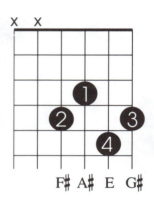

VIII

F# A# E G# C#

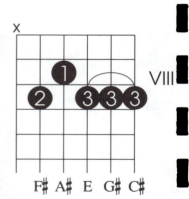

XI

F#   E G# A#

148

F#9sus4

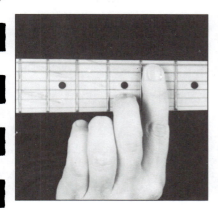

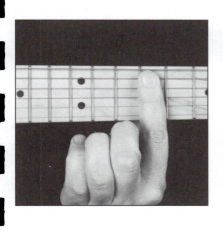

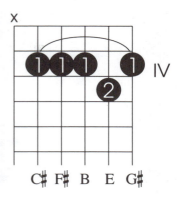
IV

C# F# B E G#

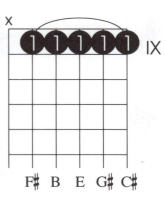
IX

F# B E G# C#

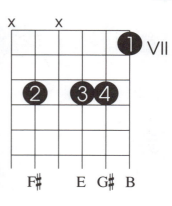
VII

F# E G# B

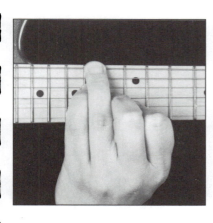

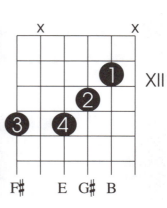
XII

F# E G# B

F#

149

F#9♭5

F# A# E G# C

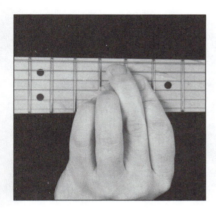

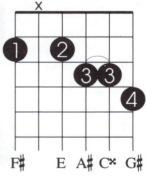

F# A# E G# C

VIII

F#9#5

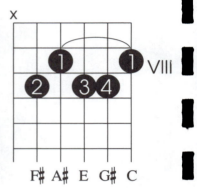

F#   E A# C✕ G#

VIII

F# A# E G# C✕

F#13

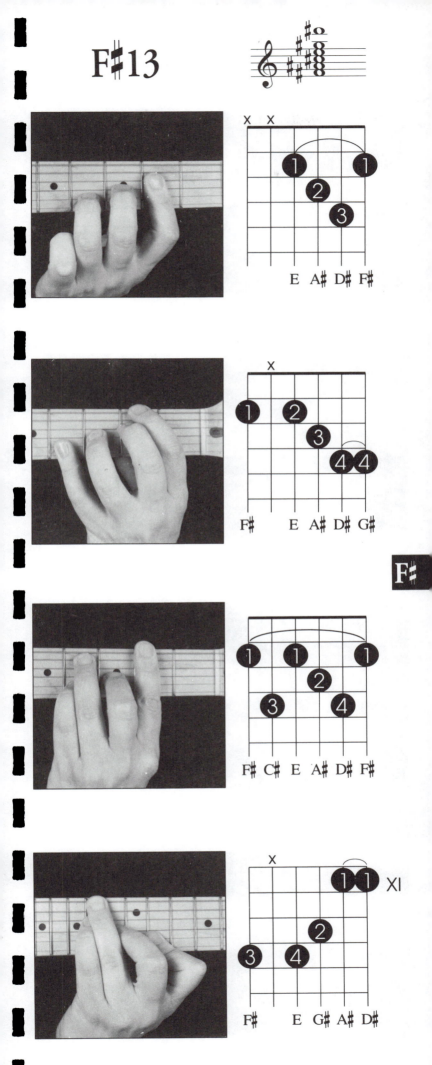

E A# D# F#

F# E A# D# G#

F#

F# C# E A# D# F#

XI

F# E G# A# D#

151

G

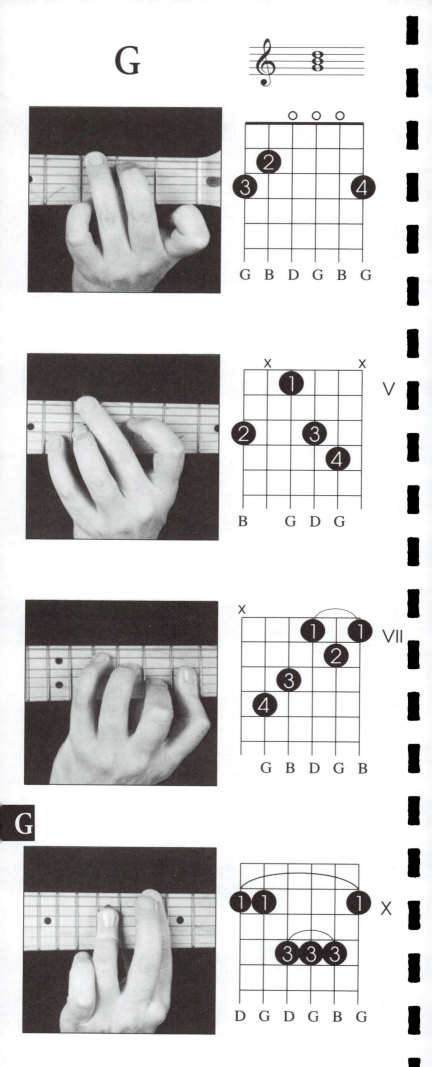

G B D G B G

V

B G D G

VII

G B D G B

G

X

D G D G B G

G

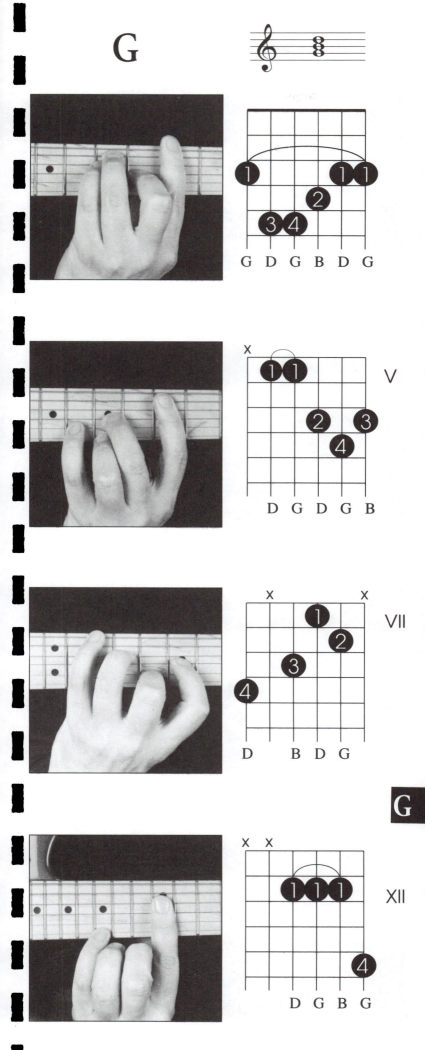

G D G B D G

V

D G D G B

VII

D B D G

G

XII

D G B G

Gsus4

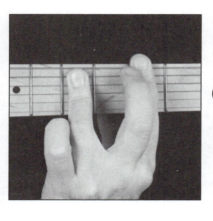

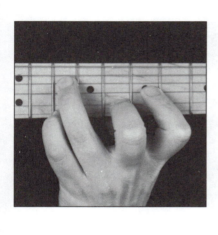

G D G C D G

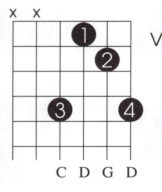

VII

C D G D

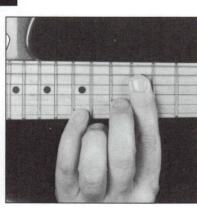

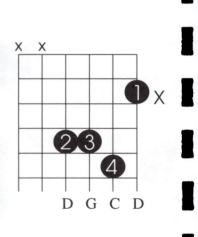

X

D G C D

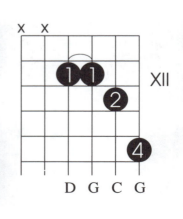

XII

D G C G

G6

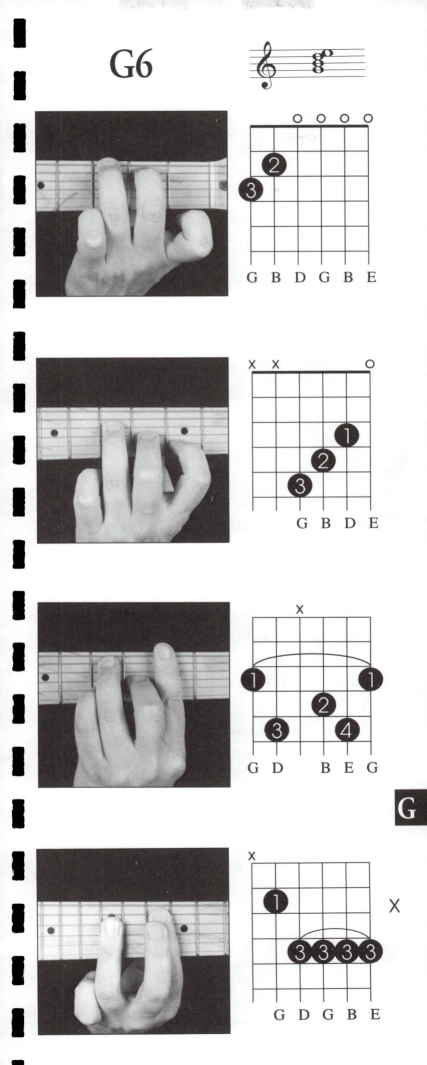

G

155

G6/9

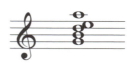

G B E A D G

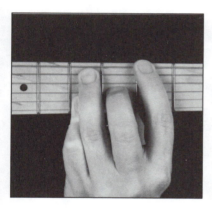

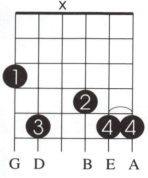

x

G D B E A

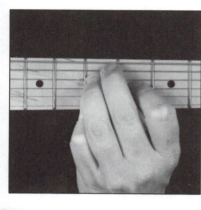

x

IV

D G B E A

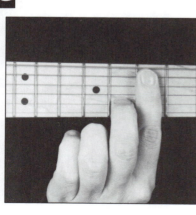

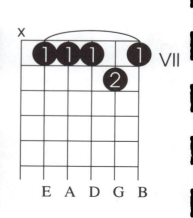

x

VII

E A D G B

Gmaj7

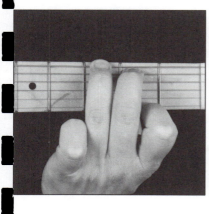

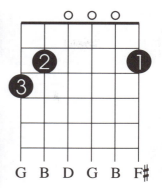

G B D G B F#

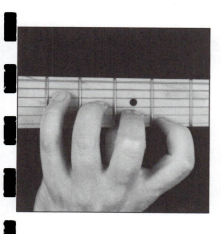

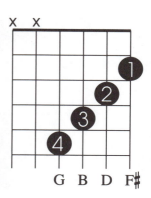

G B D F#

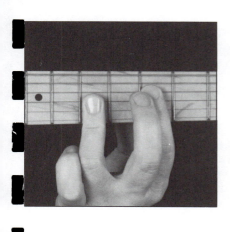

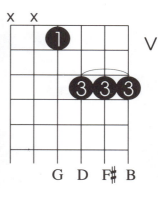

V

G D F# B

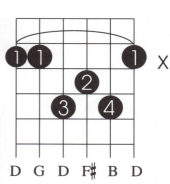

X

D G D F# B D

Gmaj9

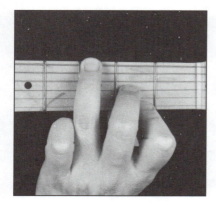

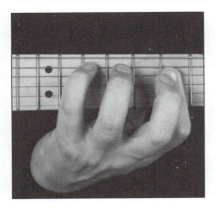

G D A B F#

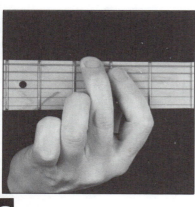

G A D F# B

VII

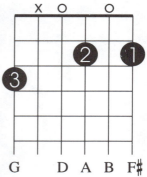

Gmaj13

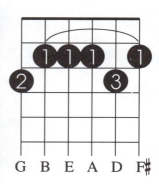

G B E A D F#

G

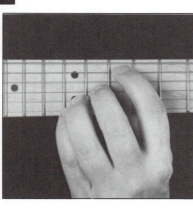

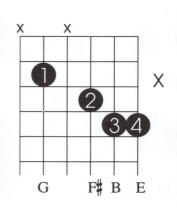

G F# B E

X

Gm

O O

```
| ① |   |   |
| ② |   | ③ | ④ |
```

G B♭ D G D G

---

x x

```
|   |   | ① ① |  III
|   | ③ |   |
|   |   | ④ |
```

G B♭ D B♭

---

x x

```
|   |   |   | ①  VI
|   | ② |   |
| ③ |   | ④ |
```

B♭ D G B♭

G

```
| ① ① |   |   | ①  X
|   |   | ② |
|   | ③ | ④ |
```

D G D G B♭ D

159

Gm

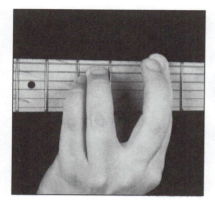

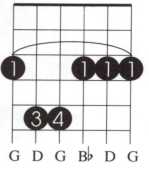

G D G B♭ D G

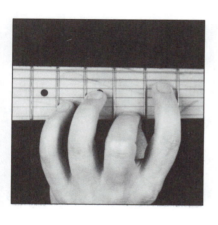

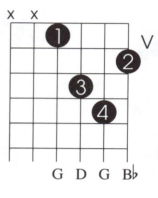

V

G D G B♭

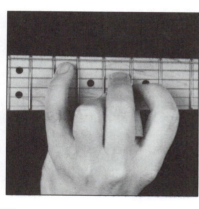

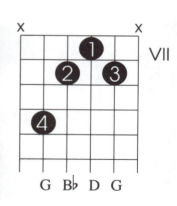

VII

G B♭ D G

G

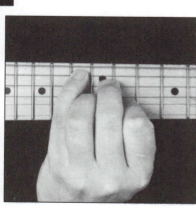

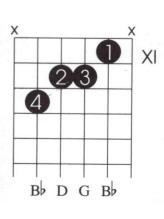

XI

B♭ D G B♭

Gm6

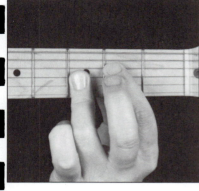

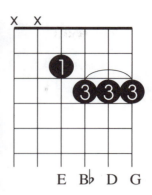

x x

E B♭ D G

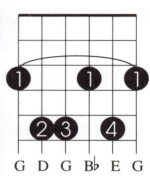

G D G B♭ E G

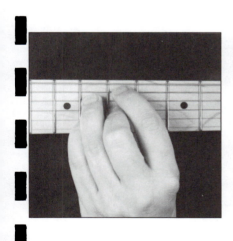

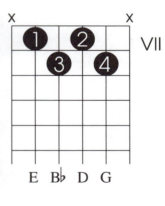

x   x

VII

E B♭ D G

G

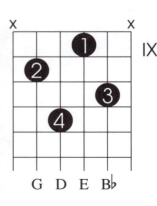

x   x

IX

G D E B♭

Gm7

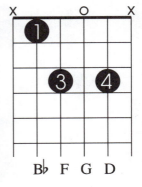

x   O   x

Bb F G D

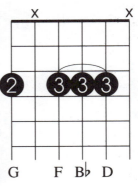

x   x

G   F Bb D

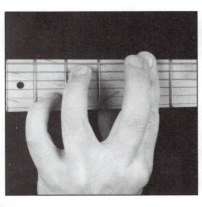

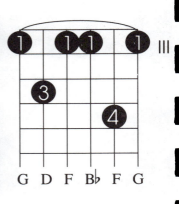

III

G D F Bb F G

G

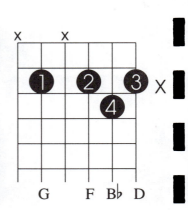

x   x

X

G   F Bb D

Gm(maj7)

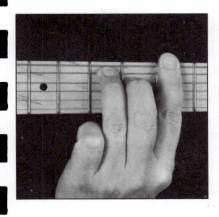

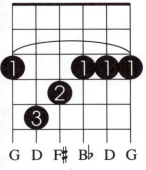

G D F# Bb D G

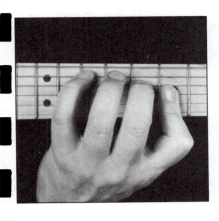

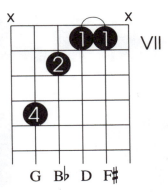

VII

G Bb D F#

Gm9

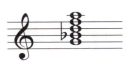

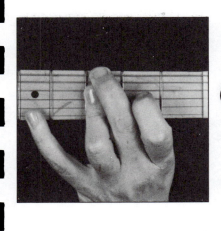

G F Bb D A

G

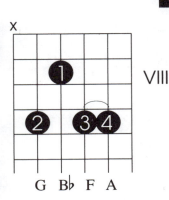

VIII

G Bb F A

Gm11

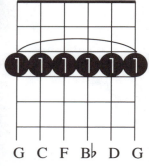

G C F Bb D G

X

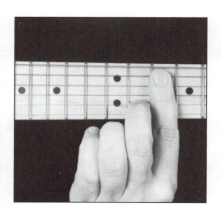

X

G C F Bb D

Gm13

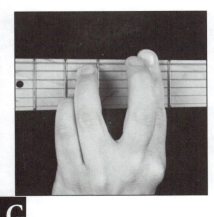

G D F Bb E G

G

X   X

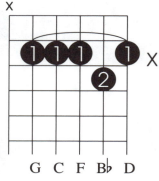

X

G   F Bb E

Gm7♭5

x x
①
③ ③ ③ V

G D♭ F B♭

x   x
①   ②
    ③   ④ X

G D♭ F B♭

G°7

x   x
①   ①
②   ③

G F♭ B♭ D♭

G

x x
①   ②
    ③   ④ V

G D♭ F♭ B♭

165

G7

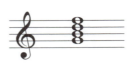

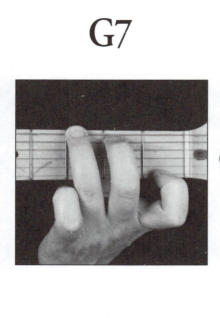

G B D G B F

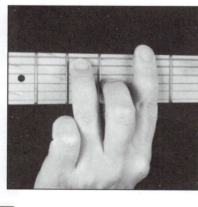

G F B D

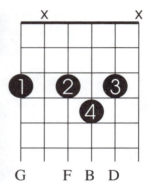

G D F B D G

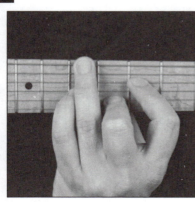

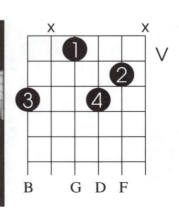

V

B G D F

G7

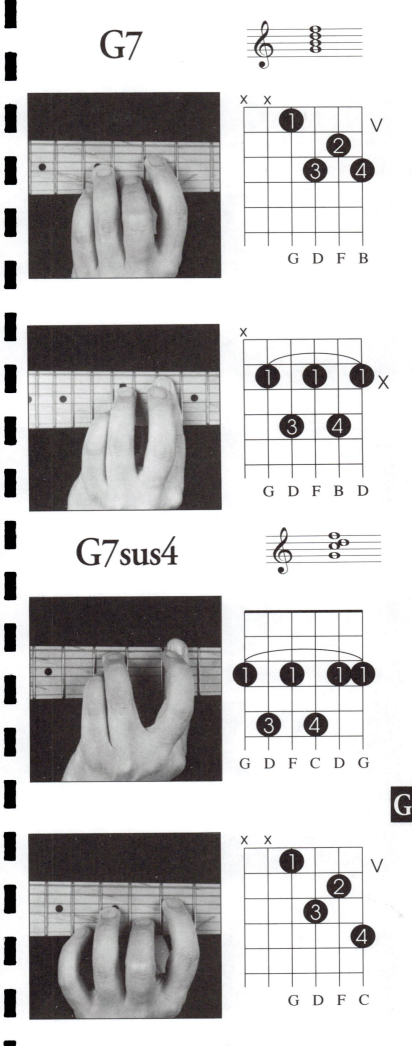

G7

X X   ① ② ③ ④   V
G D F B

X   ① ① ① X ③ ④
G D F B D

G7sus4

① ① ① ① ③ ④
G D F C D G

X X   ① ② ③ ④   V
G D F C

G

G7♭5

	X			X
			①	
②		③		
			④	

G F B D♭

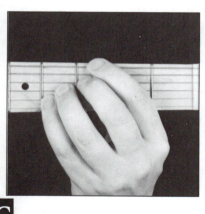

X	X			
	①			
		② ②		
				④

V

G D♭ F B

G7♯5

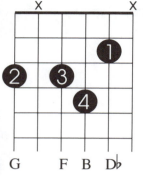

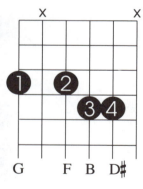

	X			X
①		②		
			③ ④	

G F B D♯

G

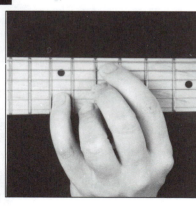

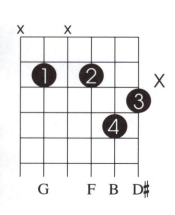

X		X		
①		②		
				③
		④		

X

G F B D♯

G9

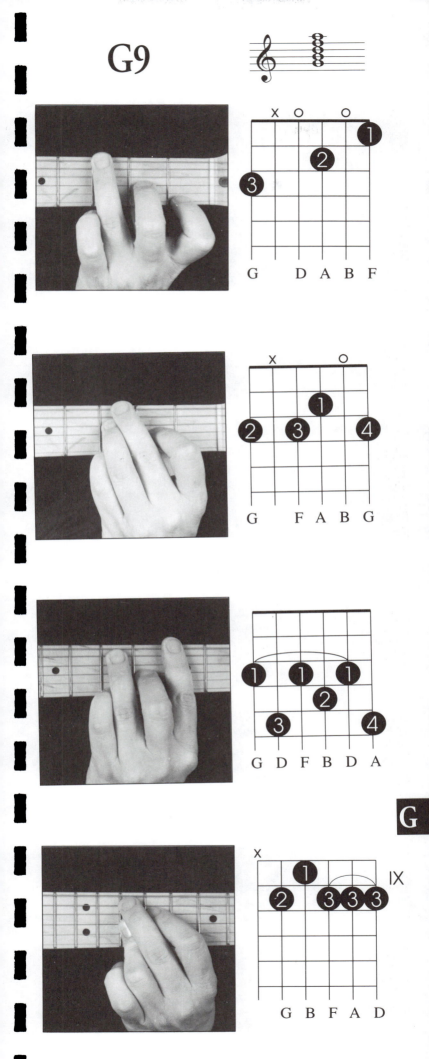

G D A B F

G F A B G

G D F B D A

IX

G B F A D

G

G9sus4

G F A C F

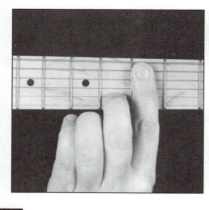

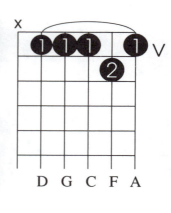

G F A C VIII

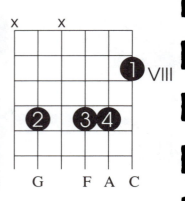

D G C F A V

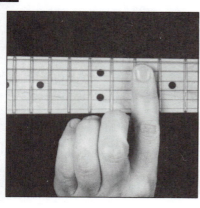

G C F A D X

G9♭5

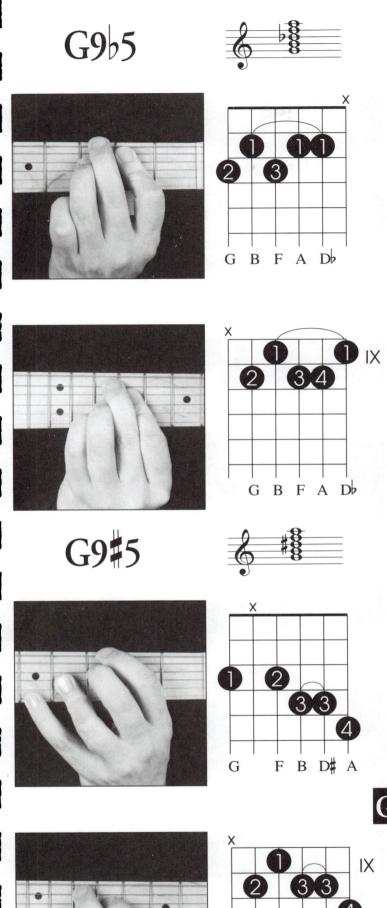

G B F A D♭

IX
G B F A D♭

G9♯5

X
G F B D♯ A

G

IX
G B F A D♯

G13

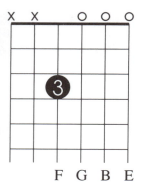

X X   O O O

F G B E

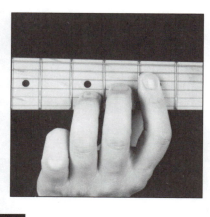

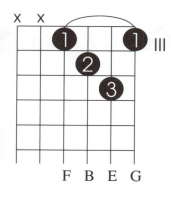

G D F B E G

X X

III

F B E G

G

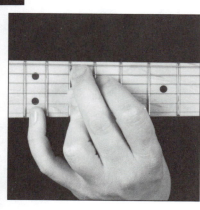

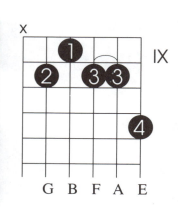

X

IX

G B F A E

172

A♭

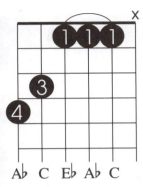

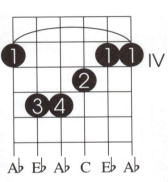

Ab C Eb Ab C

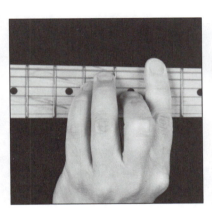

IV

Ab Eb Ab C Eb Ab

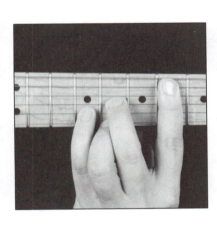

VI

Eb Ab Eb Ab C

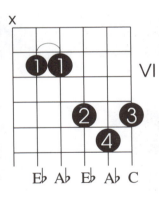

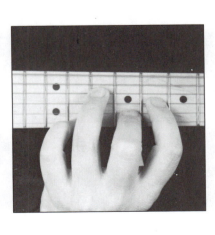

VIII

C Eb Ab Eb

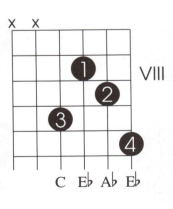

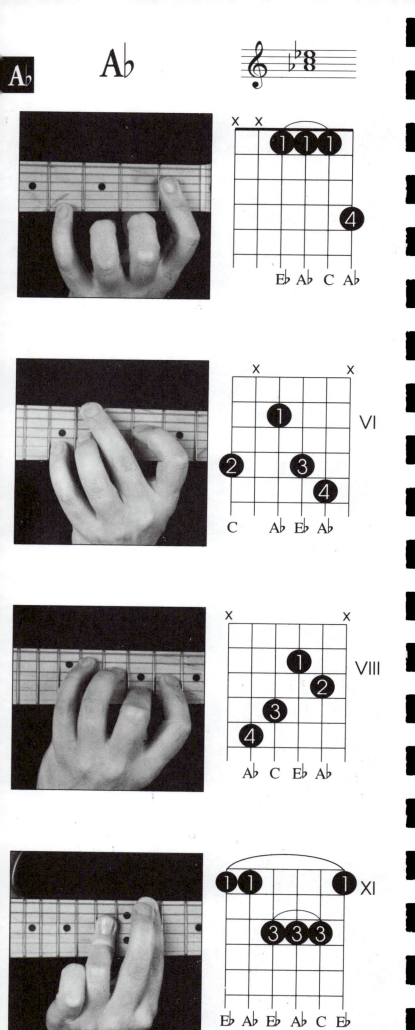

Absus4

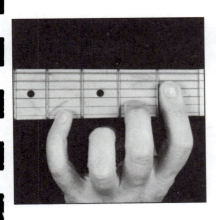

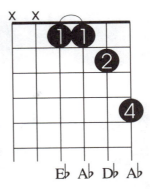

X X

Eb Ab Db Ab

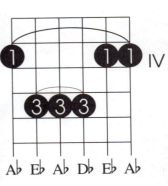

IV

Ab Eb Ab Db Eb Ab

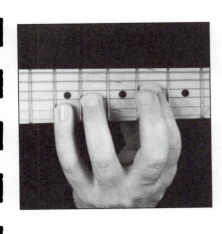

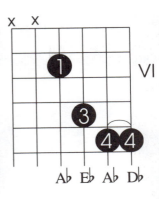

X X

VI

Ab Eb Ab Db

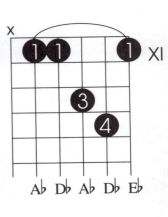

X

XI

Ab Db Ab Db Eb

Ab6

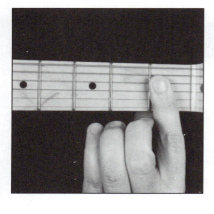

x x
1 1 1 1
Eb Ab C F

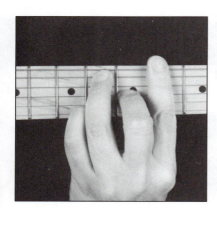

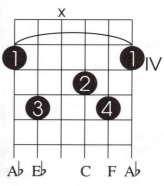

x
1 1
2
3 4 IV
Ab Eb C F Ab

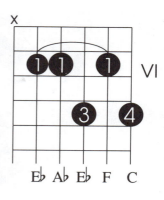

x
1 1 1
3 4 VI
Eb Ab Eb F C

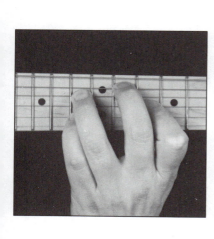

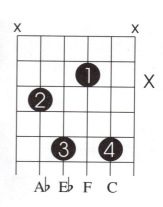

x x
1
2
3 4 X
Ab Eb F C

A♭6/9

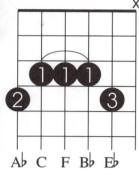

A♭ C F B♭ E♭

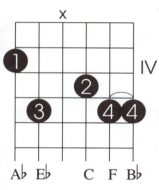

IV

A♭ E♭ C F B♭

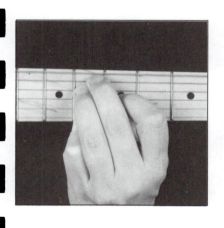

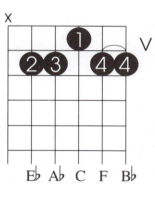

V

E♭ A♭ C F B♭

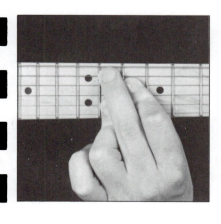

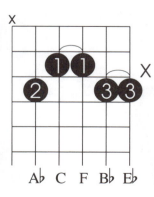

X

A♭ C F B♭ E♭

A♭maj7

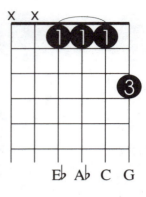

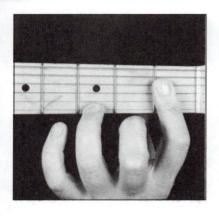

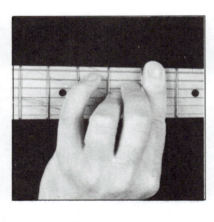

Eb Ab C G

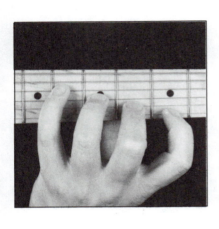

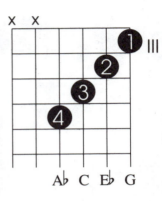

Ab C Eb G — III

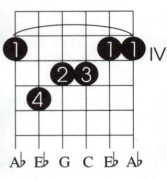

Ab Eb G C Eb Ab — IV

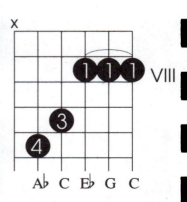

Ab C Eb G C — VIII

A♭maj9

A♭ C G B♭ E♭

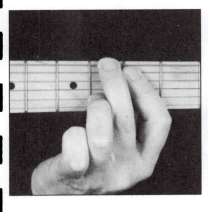

C A♭ B♭ E♭ G

A♭maj13

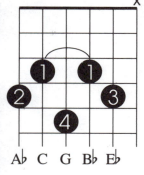

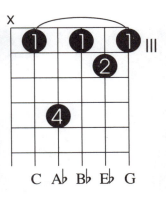

A♭ C F B♭ E♭ G

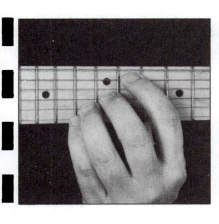

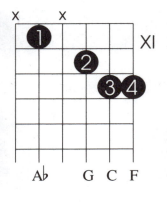

A♭ G C F

A♭m

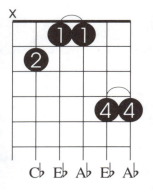

Cb Eb Ab Eb Ab

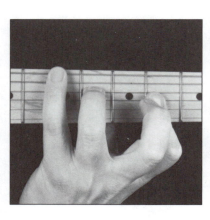

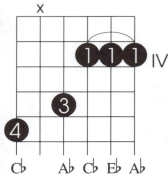

IV

Cb Ab Cb Eb Ab

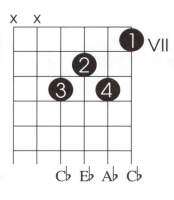

VII

Cb Eb Ab Cb

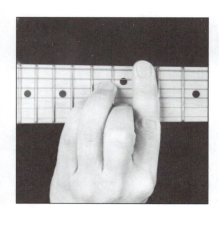

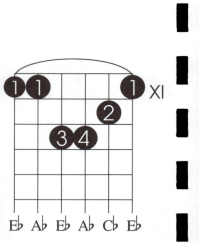

XI

Eb Ab Eb Ab Cb Eb

A♭m

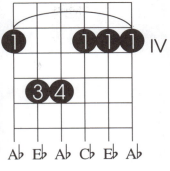

Ab Eb Ab Cb Eb Ab — IV

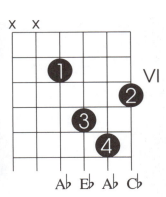

Ab Eb Ab Cb — VI

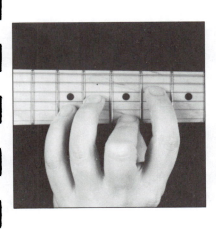
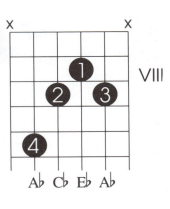

Ab Cb Eb Ab — VIII

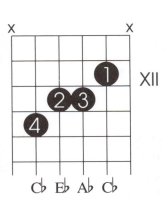

Cb Eb Ab Cb — XII

Abm6

Ab   F   Cb   Eb

IV

Ab Eb Ab Cb F Ab

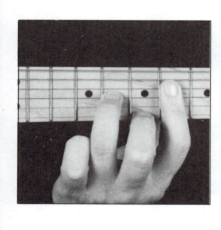

VI

Ab Eb F Cb

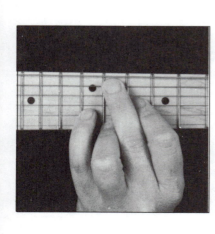

X

Ab   F   Cb   Eb

Abm7

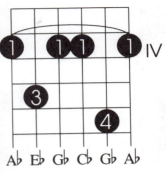

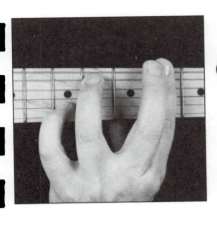

Ab Eb Gb Cb Gb Ab — IV

Ab Gb Cb Eb — IV

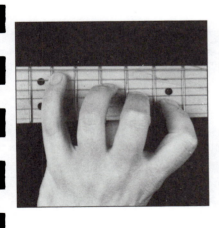

Ab Cb Eb Gb — VII

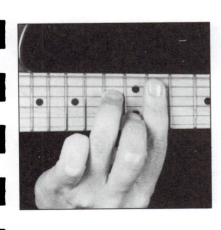

Ab Eb Gb Cb Eb — XI

A♭m(maj7)

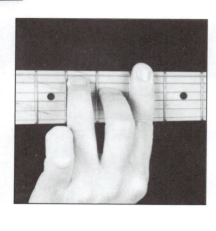

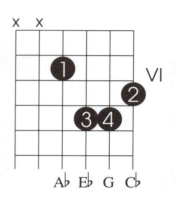

Ab Eb G Cb Eb Ab — IV

x x

Ab Eb G Cb — VI

A♭m9

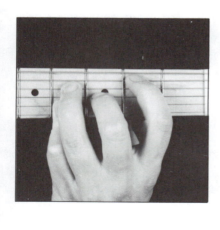

x

Cb Gb Bb Eb Ab

x

Ab Gb Cb Eb Bb — IV

A♭m11

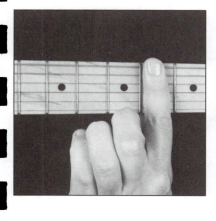

A♭ D♭ G♭ C♭ E♭ A♭

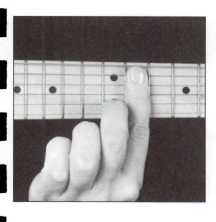

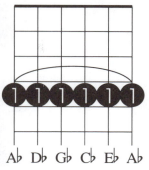

x

XI

A♭ D♭ G♭ C♭ E♭

A♭m13

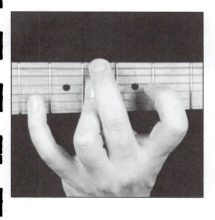

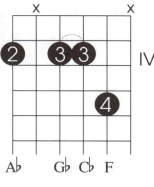

x   x

IV

A♭   G♭ C♭ F

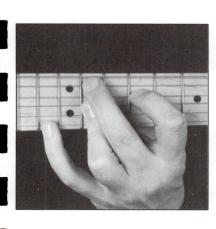

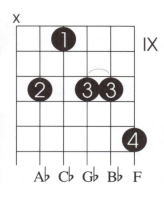

x

IX

A♭ C♭ G♭ B♭ F

A♭ Abm7♭5

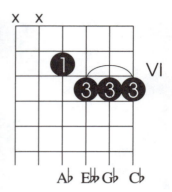

VI

Ab Eb Gb Cb

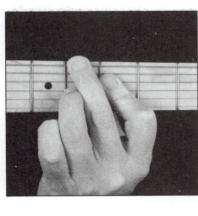

XI

Ab Eb Gb Cb

Ab°7

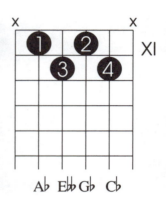

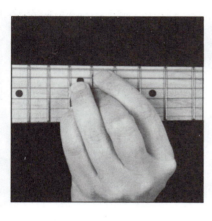

Ab Gb Cb Eb

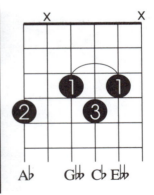

VI

Ab Eb Gb Cb

A♭7

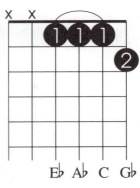

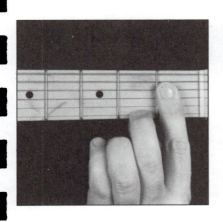

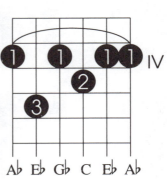

x x	

Eb Ab C Gb

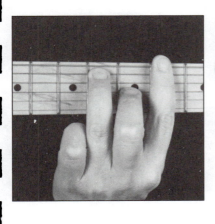

Ab Eb Gb C Eb Ab

IV

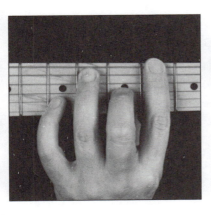

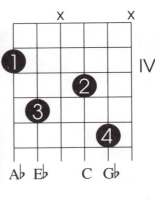

Ab Eb   C Gb

IV

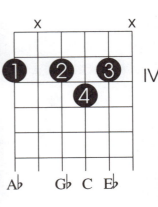

Ab   Gb C Eb

IV

187

Ab7

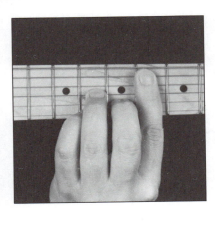

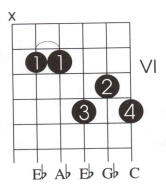

VI

Eb Ab Eb Gb C

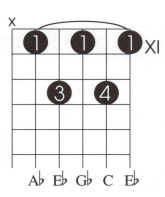

XI

Ab Eb Gb C Eb

Ab7sus4

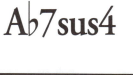

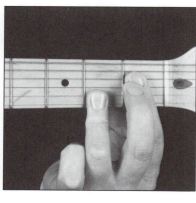

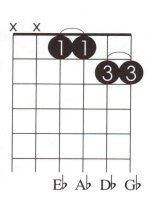

Eb Ab Db Gb

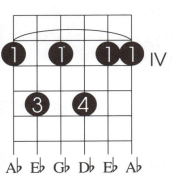

IV

Ab Eb Gb Db Eb Ab

Ab7b5

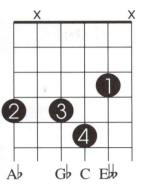

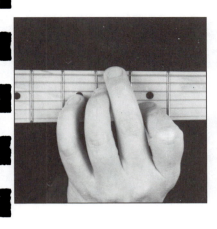

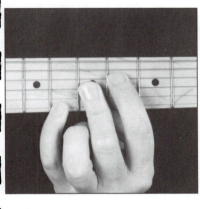

Ab　Gb C Ebb

Ab Ebb Gb C

VI

Ab7#5

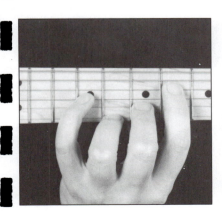

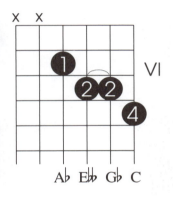

Ab　Gb C E

IV

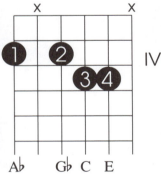

Ab E Gb C

VI

189

Ab9

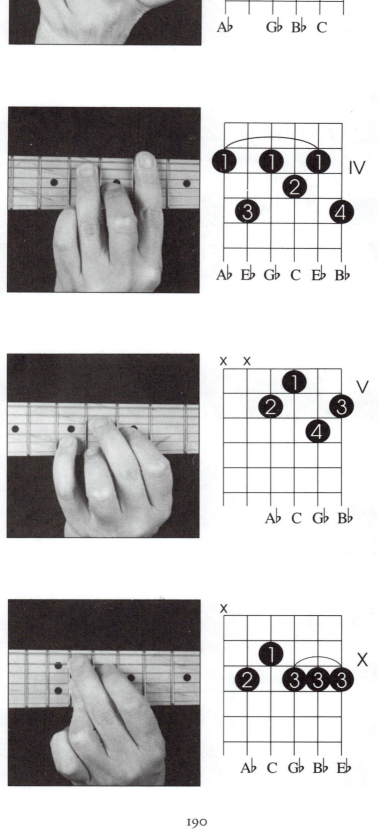

x   x

① ② ③ ④

Ab   Gb Bb C

---

① ① ①   IV
② ③   ④

Ab Eb Gb C Eb Bb

---

x x

①   V
② ③
④

Ab C Gb Bb

---

x

①   X
② ③ ③ ③

Ab C Gb Bb Eb

Ab9sus4

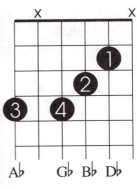

Ab Gb Bb Db

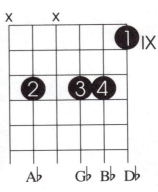

IX

Ab Gb Bb Db

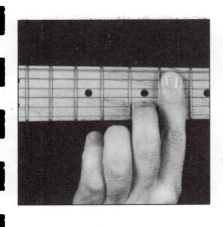

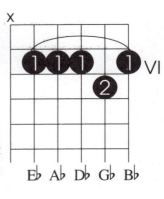

VI

Eb Ab Db Gb Bb

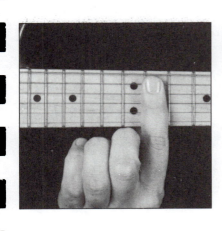

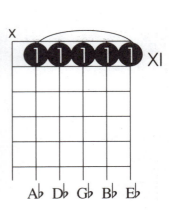

XI

Ab Db Gb Bb Eb

Ab9b5

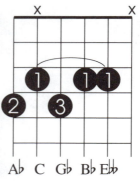

Ab C Gb Bb Ebb

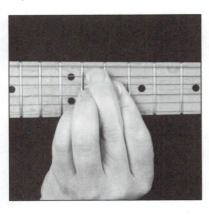

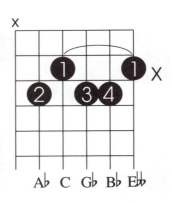

Ab C Gb Bb Ebb

Ab9#5

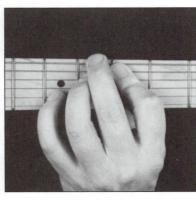

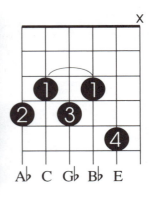

Ab C Gb Bb E

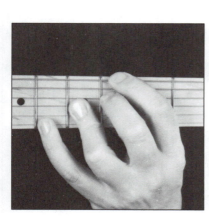

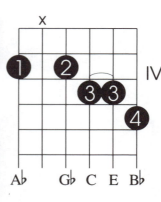

Ab Gb C E Bb

A♭13

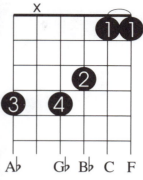

A♭   G♭ B♭ C F

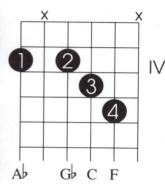

IV

A♭   G♭ C F

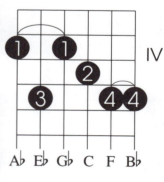

IV

A♭ E♭ G♭ C F B♭

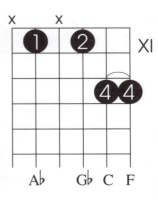

XI

A♭   G♭ C F

193

A

A

(O) o   o

2 1 3

E A E A C# E

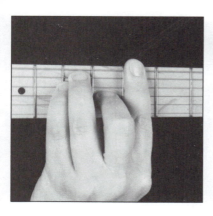

1   1 1   V

2

3 4

A E A C# E A

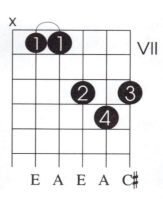

x

1 1   VII

2   3

4

E A E A C#

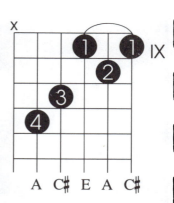

x

1   1   IX

2

3

4

A C# E A C#

A

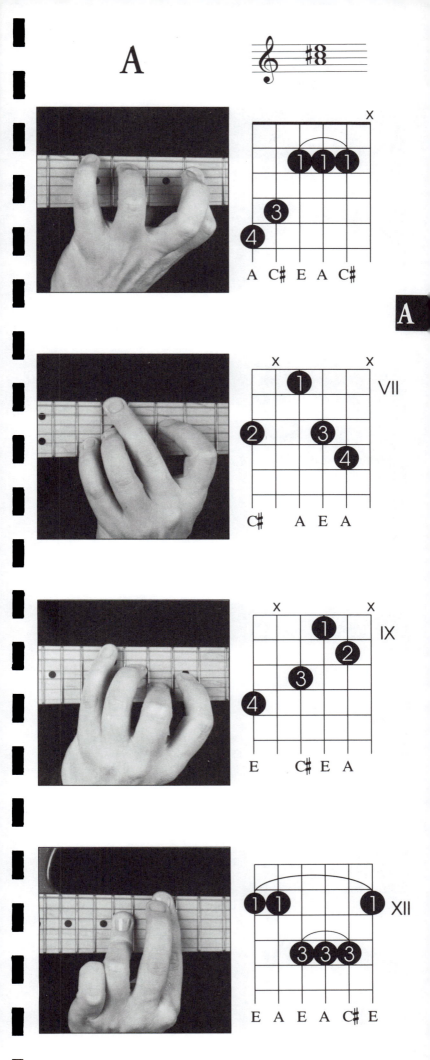

A C# E A C#

VII
C# A E A

IX
E C# E A

XII
E A E A C# E

A6

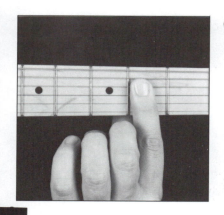

(O) o

E A E A C# F#

A

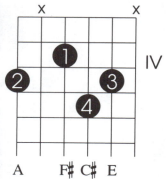

IV

A F# C# E

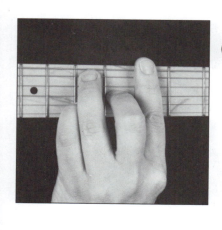

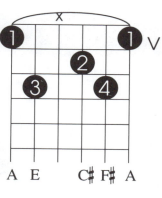

V

A E C# F# A

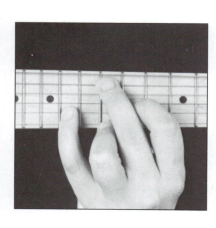

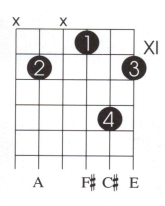

XI

A F# C# E

196

Asus4

(o) o

1 1

2

4

E A E A D A

---

1   1 1   V

3 3 3

A E A D E A

---

x

1 1 1   VII

4 4

E A D A D

---

1 1 1   1   XII

3

4

E A D A D E

A6/9

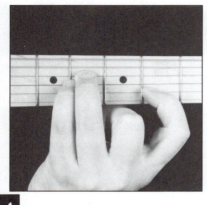

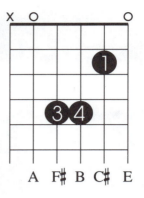

X O O

A F# B C# E

A B E A C# F#

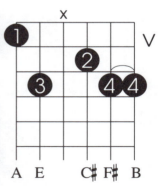

X
V

A E C# F# B

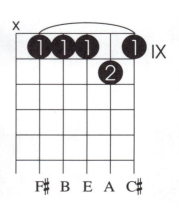

X
IX

F# B E A C#

Amaj7

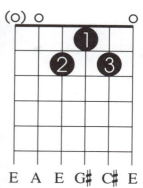

E A E G# C# E

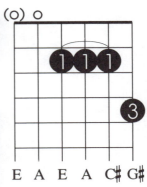

E A E A C# G#

A

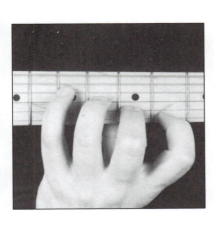

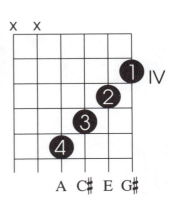

IV

A C# E G#

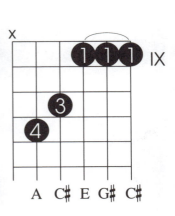

IX

A C# E G# C#

Amaj9

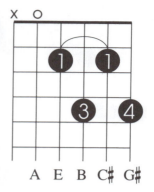

A E B C# G#

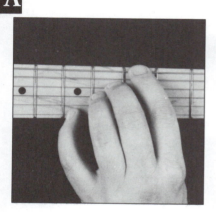

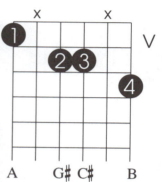

V

A   G# C#   B

Amaj13

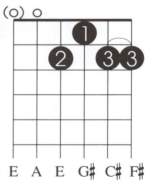

E A E G# C# F#

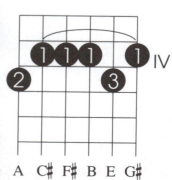

IV

A C# F# B E G#

Am

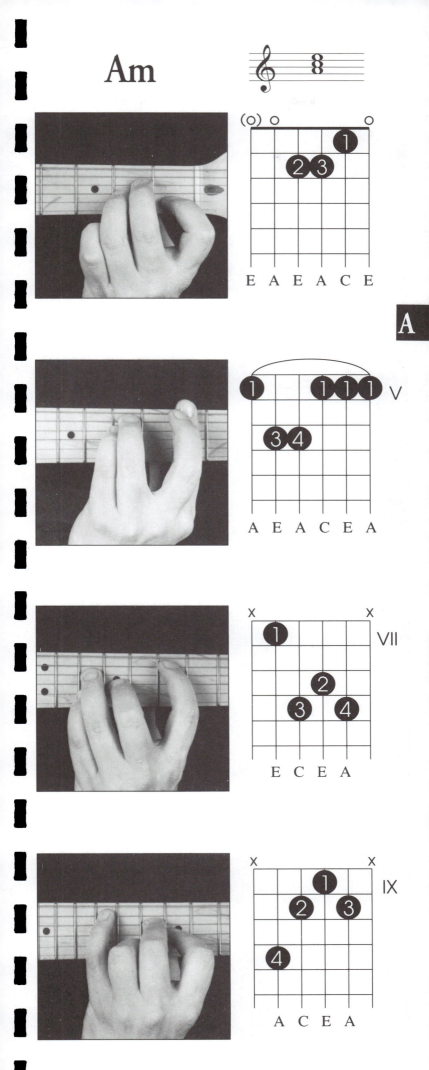

Am

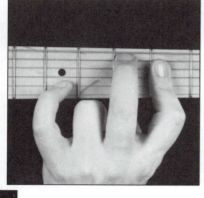

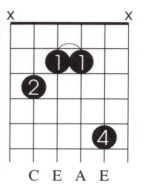

x   x

C E A E

A

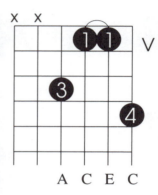

x x   V

A C E C

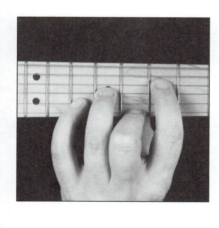

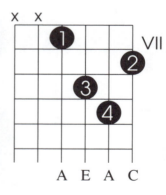

x x   VII

A E A C

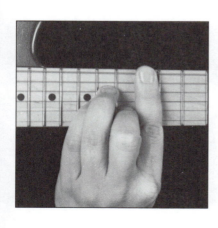

XII

E A E A C E

Am6

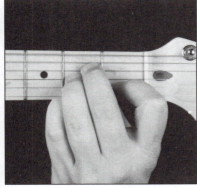

(O) o

E A E A C F#

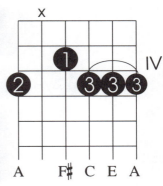

x

IV

A F# C E A

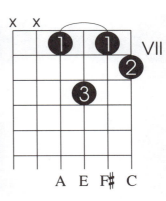

x x

VII

A E F# C

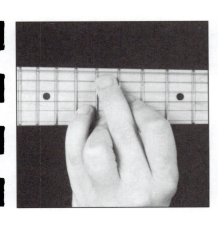

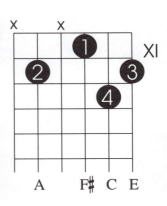

x x

XI

A F# C E

Am7

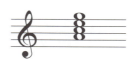

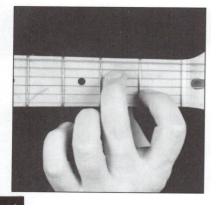

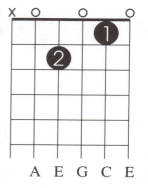

A E G C E

A

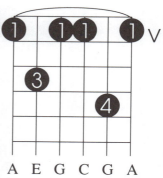

A E G C G A

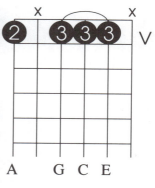

A   G C E

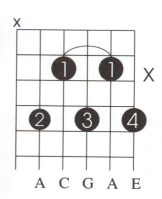

A C G A E

Am(maj7)

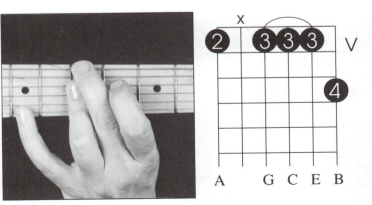

E A E A C G♯

A

A E G♯ C E A   V

Am9

A C E G B E

A   G C E B   V

205

Am11

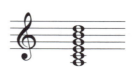

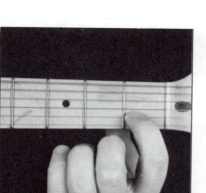

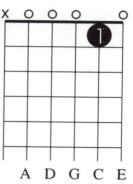

A D G C E

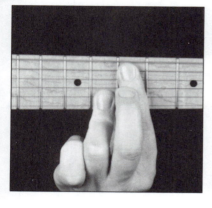

E A D G C

VII

Am13

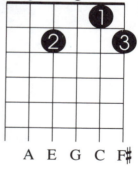

A E G C F#

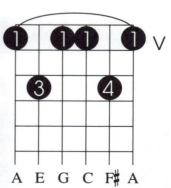

A E G C F# A

V

Am7♭5

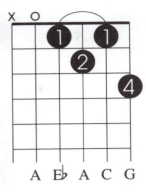

X O

A E♭ A C G

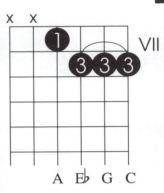

X X

VII

A E♭ G C

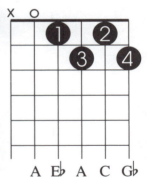

X O

A E♭ A C G♭

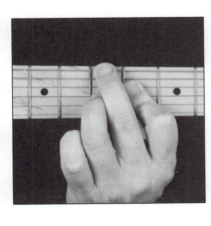

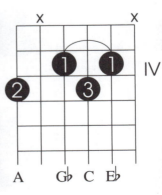

X X

IV

A G♭ C E♭

A7

E A E G C# E

A

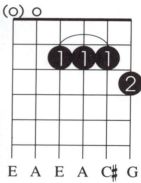

E A E A C# G

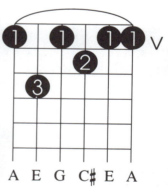

A E G C# E A

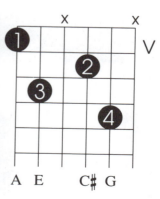

A E   C# G

A7

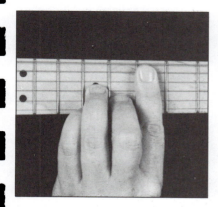

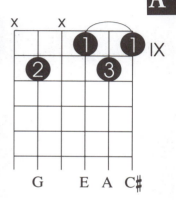

x

① ①   VII
        ②
    ③   ④

E A E G C#

A

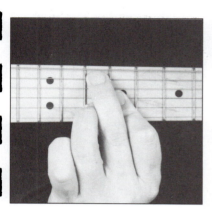

x   x
      ①   ①   IX
   ②   ③

G   E A C#

A7sus4

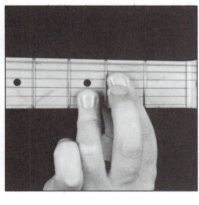

(o) o
     ① ①
        ③ ③

E A E A D G

①   ①   ① ①   V
    ③   ④

A E G D E A

A7♭5

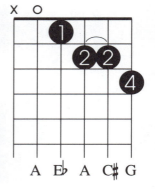

A E♭ A C♯ G

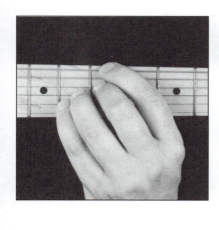

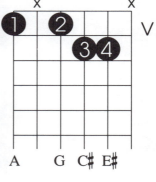

VI

E♭ A C♯ G

A7♯5

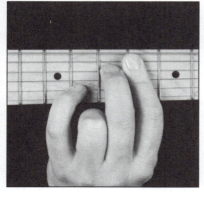

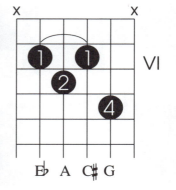

V

A G C♯ E♯

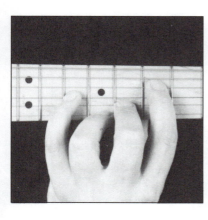

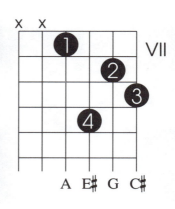

VII

A E♯ G C♯

A9

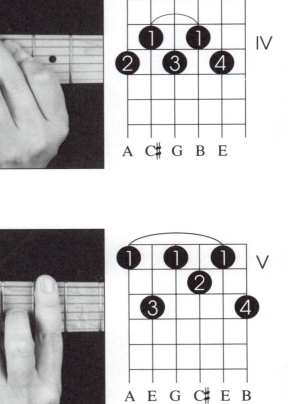

x   o

1   1
        2
    3

A E B C♯ G

---

x

1   1
2   3   4   IV

A C♯ G B E

---

1   1   1   V
        2
    3   4

A E G C♯ E B

---

x

1
2   3 3 3   XI

A C♯ G B E

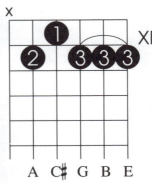

A

A9sus4

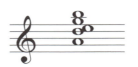

A

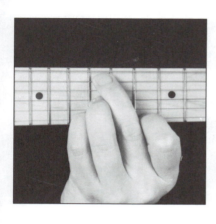

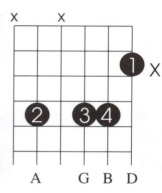

A G B D

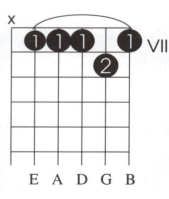

A G B D

X

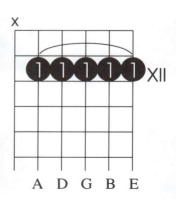

E A D G B

VII

A D G B E

XII

A9♭5

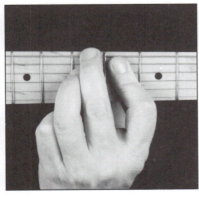

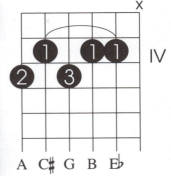

IV

A C♯ G B E♭

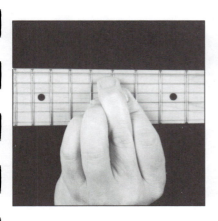

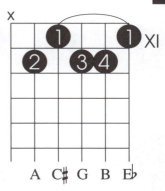

XI

A C♯ G B E♭

A9♯5

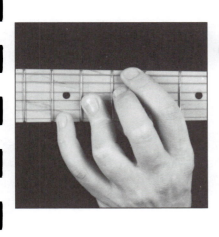

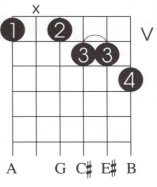

V

A G C♯ E♯ B

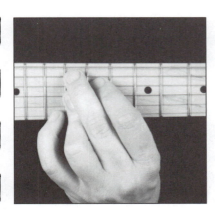

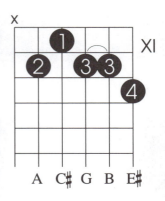

XI

A C♯ G B E♯

A13

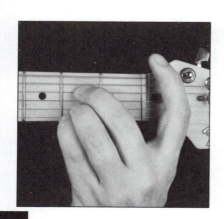

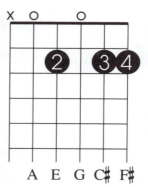

X   O   O

A E G C# F#

A

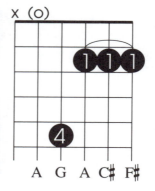

X (O)

A G A C# F#

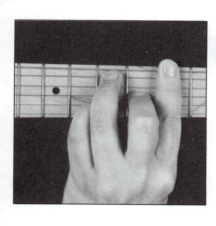

V

A E G C# F# A

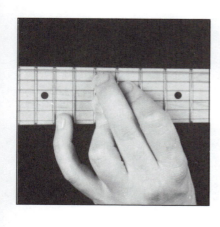

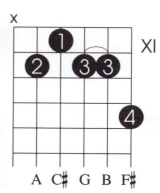

X

XI

A C# G B F#

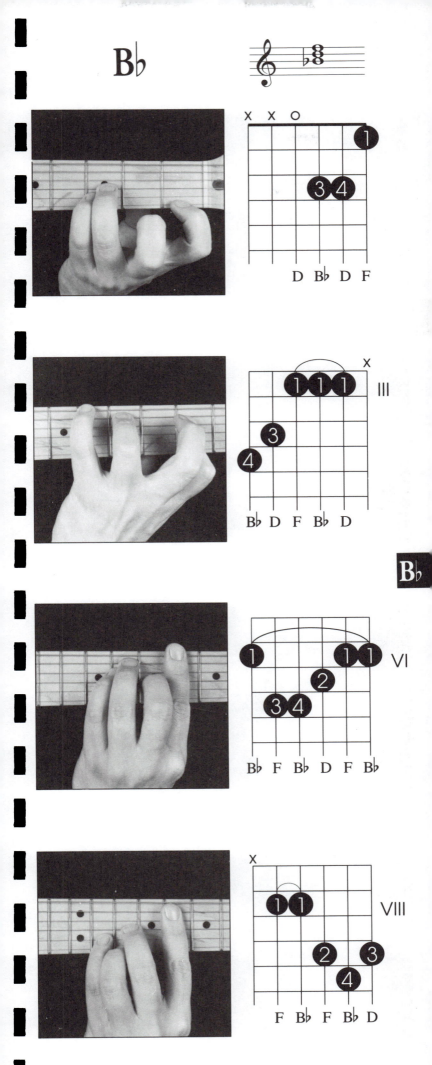

B♭

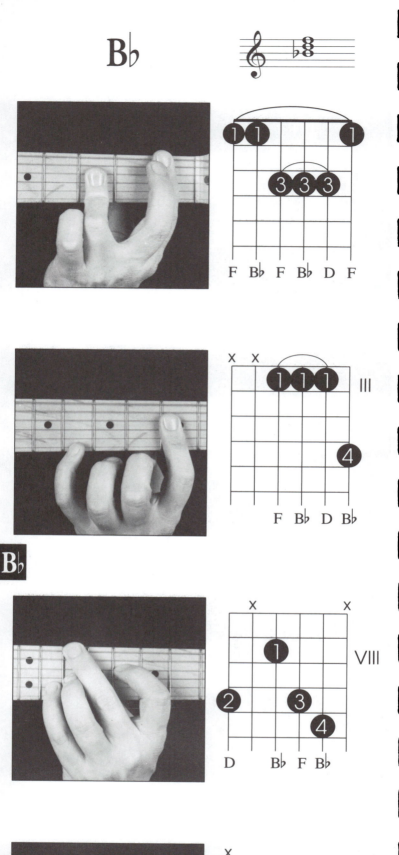

F B♭ F B♭ D F

x x   III

F B♭ D B♭

B♭

x   x   VIII

D   B♭ F B♭

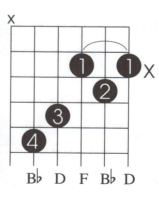

x   X

B♭ D F B♭ D

B♭sus4

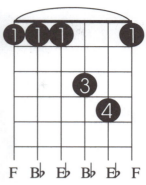

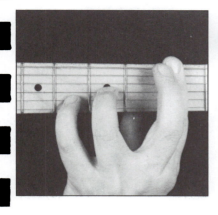

F B♭ E♭ B♭ E♭ F

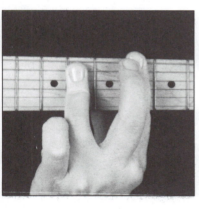

VI

B♭ F B♭ E♭ F B♭

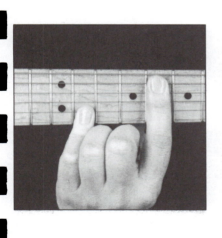

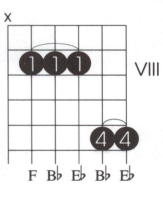

X

VIII

F B♭ E♭ B♭ E♭

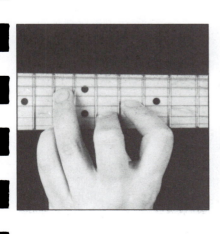

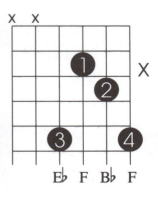

X X

X

E♭ F B♭ F

B♭6

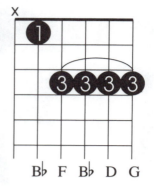

B♭ F B♭ D G

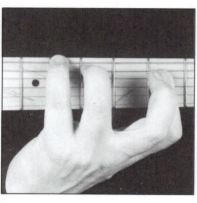

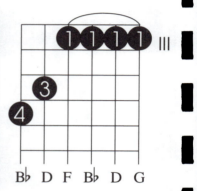

III

B♭ D F B♭ D G

B♭

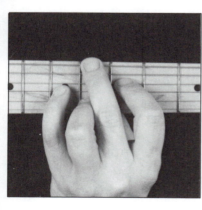

V

B♭ G D F

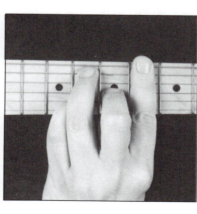

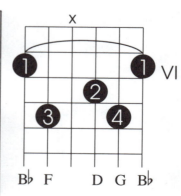

VI

B♭ F D G B♭

B♭6/9

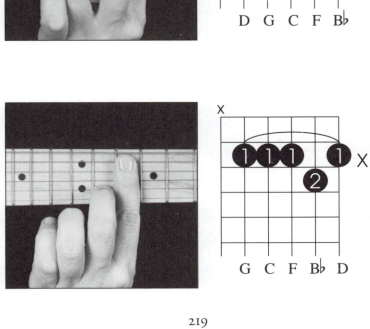

Diagram 1: X — 2 (B♭), o (D), o (G), 3 (C), 3 (F)

Diagram 2: 1 1 1 1 1 1 (barre) III, 4 — B♭ C F B♭ D G

Diagram 3: X — 1 1 1, 3 3 (V) — D G C F B♭

Diagram 4: X — 1 1 1 1 (X), 2 — G C F B♭ D

219

B♭maj7

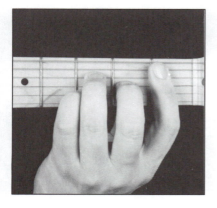

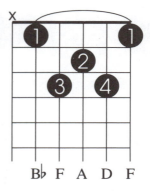

B♭ F A D F

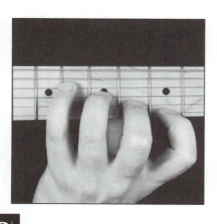

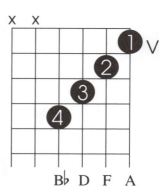

V

B♭ D F A

B♭

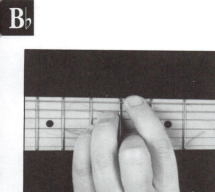

VI

B♭ A D F

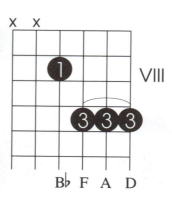

VIII

B♭ F A D

B♭maj9

x   o

①   ② ③

④

B♭ D A C F

x   x

①

② ③

④

VI

B♭   A D   C

B♭maj13

x   x

①

②

③ ④

B♭   A D G

x

①

② ③

④ ④

VI

B♭   A D G C

B♭

B♭m

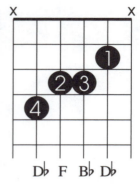

Db F Bb Db

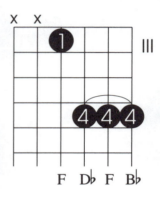

III

F Db F Bb

B♭

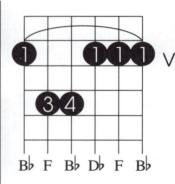

VI

Bb F Bb Db F Bb

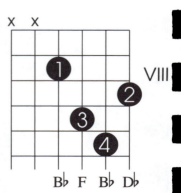

VIII

Bb F Bb Db

B♭m

F B♭ F B♭ D♭ F

III

D♭ F B♭ F

B♭

VI

B♭ D♭ F D♭

X

B♭ D♭ F B♭

B♭m6

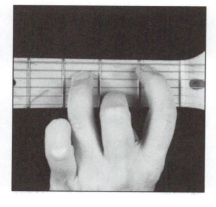

x   o   x

B♭   F   G   D♭

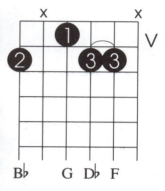

x   x   V

B♭   G   D♭   F

B♭

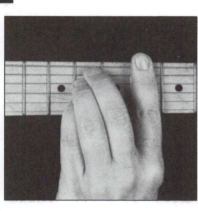

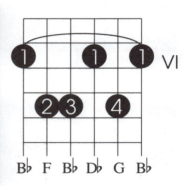

VI

B♭   F   B♭   D♭   G   B♭

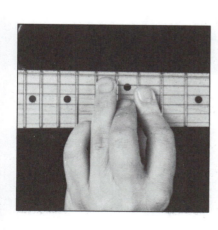

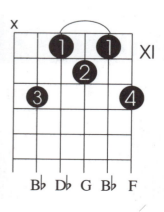

x   XI

B♭   D♭   G   B♭   F

B♭m7

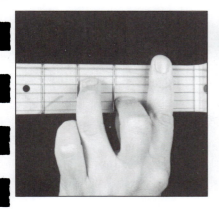

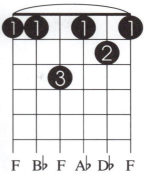

F B♭ F A♭ D♭ F

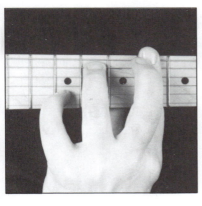

VI

B♭ F A♭ D♭ A♭ B♭

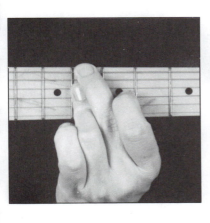

VI

B♭ A♭ D♭ F

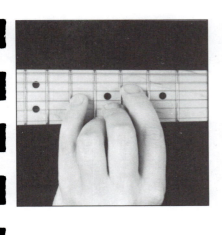

VIII

B♭ F A♭ D♭

B♭m(maj7)

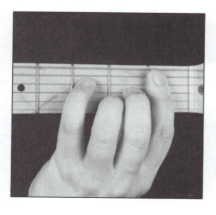

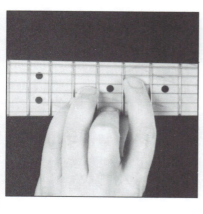

B♭ F A D♭ F

VIII

B♭ F A D♭

B♭m9

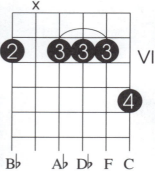

VI

B♭ A♭ D♭ F C

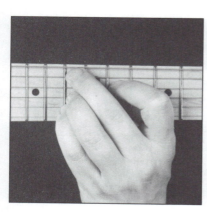

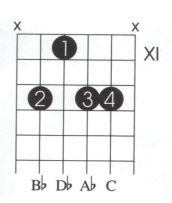

XI

B♭ D♭ A♭ C

B♭m11

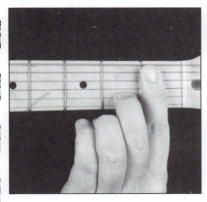

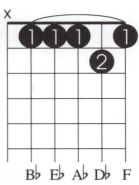

B♭ E♭ A♭ D♭ F

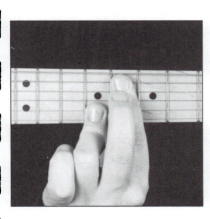

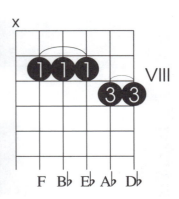

VIII

F B♭ E♭ A♭ D♭

B♭m13

B♭ A♭ D♭ G

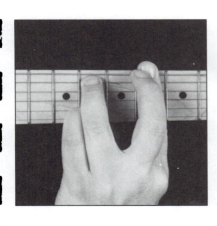

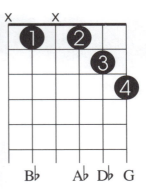

B♭ A♭ D♭ G

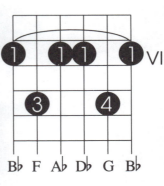

VI

B♭ F A♭ D♭ G B♭

B♭m7♭5

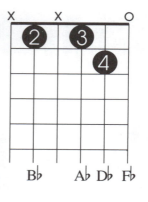

B♭ A♭ D♭ F♭

VI

B♭ F♭ A♭ D♭ A♭ B♭

B♭°7

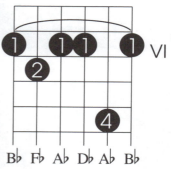

B♭ F♭ A♭♭ D♭

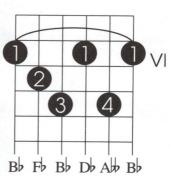

VI

B♭ F♭ B♭ D♭ A♭♭ B♭

B♭7

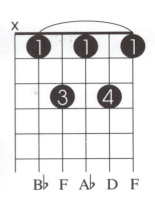

B♭ F A♭ D F

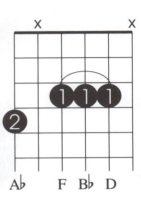

A♭ F B♭ D

B♭

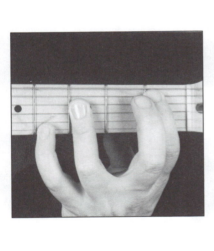

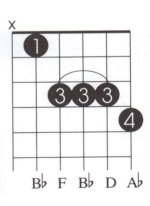

B♭ F B♭ D A♭

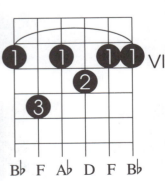

VI

B♭ F A♭ D F B♭

Bb7

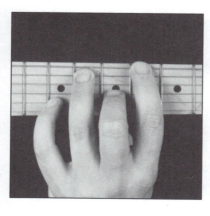

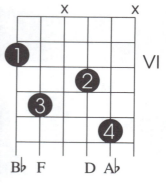

VI

Bb F D Ab

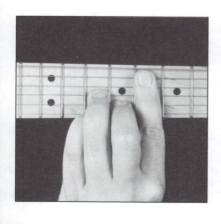

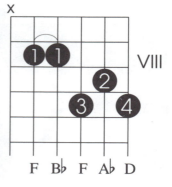

VIII

F Bb F Ab D

Bb7sus4

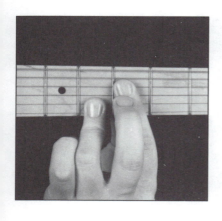

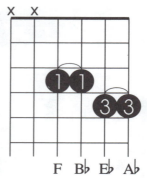

F Bb Eb Ab

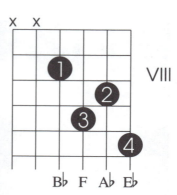

VIII

Bb F Ab Eb

Bb7b5

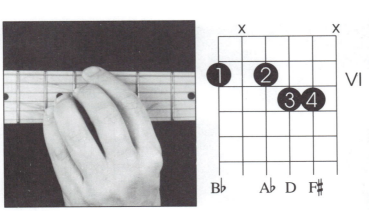

x o o
1 2
4

Bb D Ab D Fb

x x
1
2 2   VIII
4

Bb Fb Ab D

Bb7#5

Bb

x x
1 2
3
4

Bb Ab D F#

x x
1 2
3 4   VI

Bb Ab D F#

B♭9

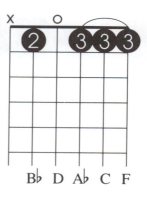

Bb | D | Ab | C | F

III

Bb | | Ab | C | D

B♭

VI

Bb | F | Ab | D | F | C

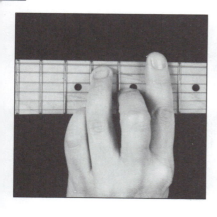

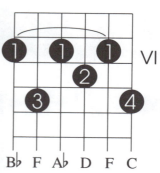

VIII

D | | Bb | F | Ab | C

B♭9sus4

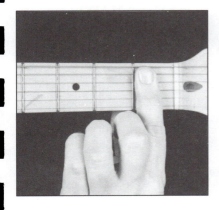

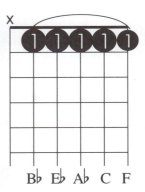

B♭ E♭ A♭ C F

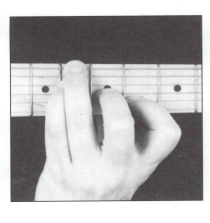

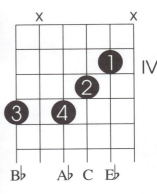

VI

B♭ F A♭ E♭ F C

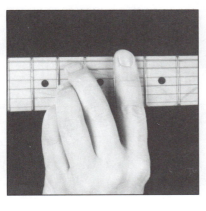

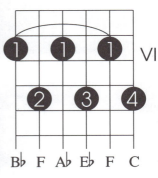

IV

B♭ A♭ C E♭

B♭

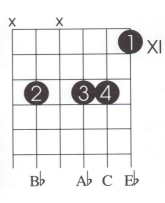

XI

B♭ A♭ C E♭

233

Bb9b5

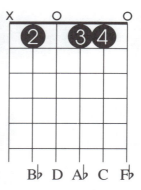

x   O   O

2   3 4

Bb D Ab C Fb

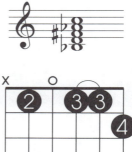

x

1   1 1

2   3   V

D Ab C Fb Bb

Bb

Bb9#5

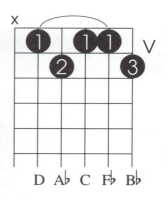

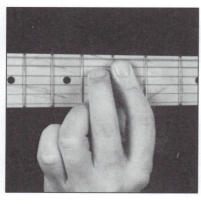

x   O

2   3 3

      4

Bb D Ab C F#

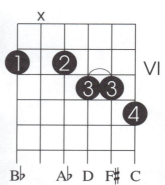

x

1   2

   3 3   VI

     4

Bb   Ab D F# C

B♭13

x   x

1   **2**

4 **4**

B♭   A♭ D G

1 **1**   **1** VI

2

3   **4**

B♭ F A♭ D G B♭

B♭

x

1   **2**

3

4 **4**

VI

B♭   A♭ D G C

x

1

2   **3** **3**

XII

4

B♭ D A♭ C G

B

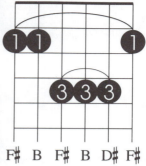

F# B F# B D# F#

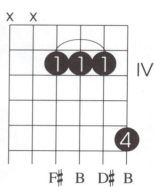

IV

F# B D# B

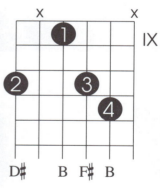

IX

D# B F# B

B

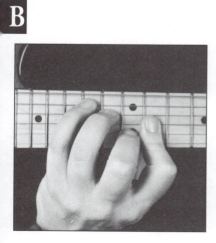

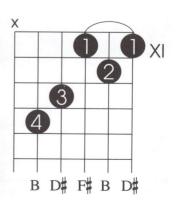

XI

B D# F# B D#

B

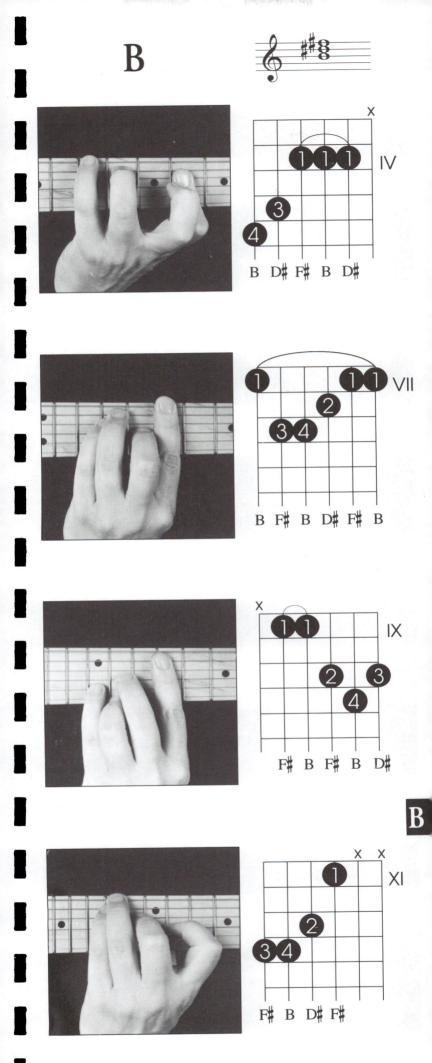

IV

B D# F# B D#

VII

B F# B D# F# B

IX

F# B F# B D#

XI

F# B D# F#

B

237

Bsus4

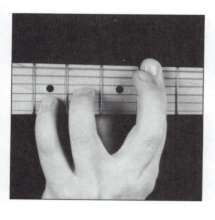

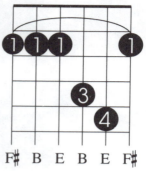

F# B E B E F#

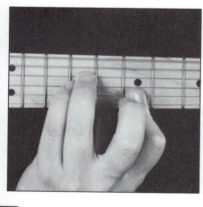

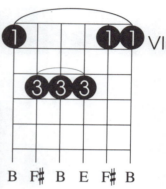

VII

B F# B E F# B

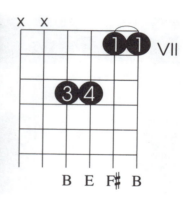

VII

B E F# B

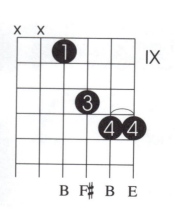

IX

B F# B E

B6

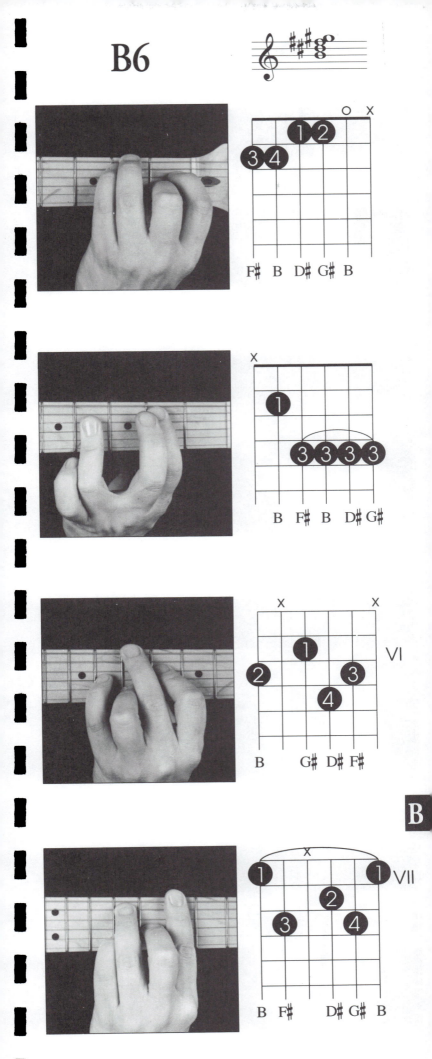

F# B D# G# B

B F# B D# G#

B G# D# F#

B F# D# G# B

B

B6/9

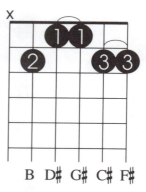

B D# G# C# F#

B C# F# B D# G#

IV

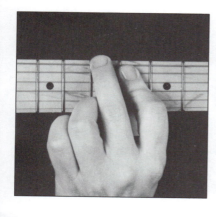

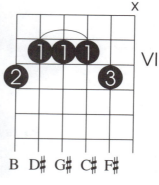

B D# G# C# F#

VI

B

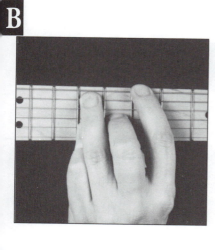

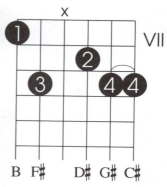

B F# D# G# C#

VII

240

Bmaj7

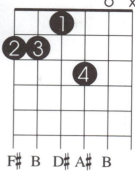

F# B D# A# B

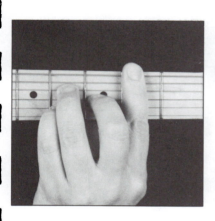

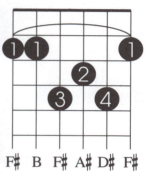

F# B F# A# D# F#

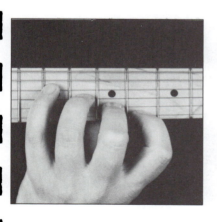

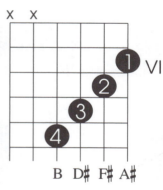

VI

B D# F# A#

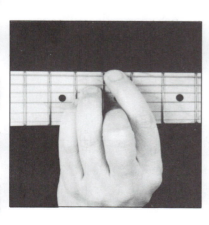

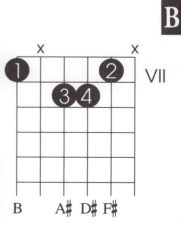

VII

B A# D# F#

Bmaj9

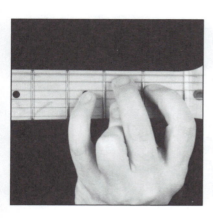

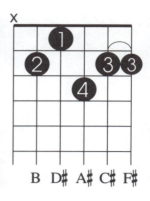

B D# A# C# F#

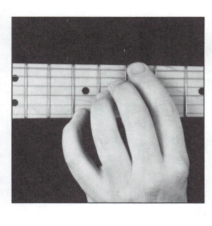

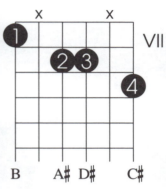

VII

B A# D# C#

Bmaj13

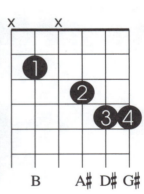

B A# D# G#

B

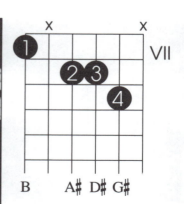

VII

B A# D# G#

Bm

x x o
D B D F#

x   x
III
D F# B D

VII
B F# B D F# B

B

x   x
IX
F# D F# B

Bm

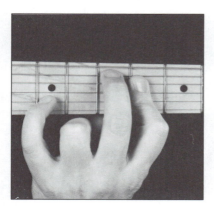

F# B F# B D F#

IV

D F# B F#

IX

D B F# B

B

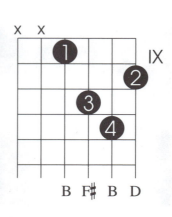

IX

B F# B D

Bm6

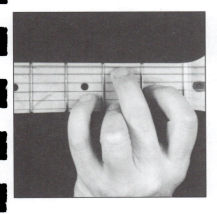

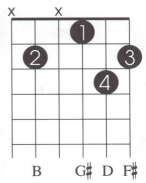

x   x

B   G# D F#

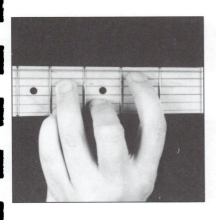

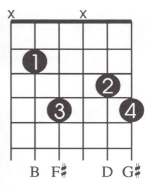

x   x

B F#   D G#

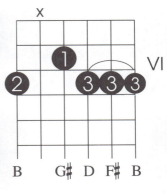

x

VI

B   G# D F# B

B

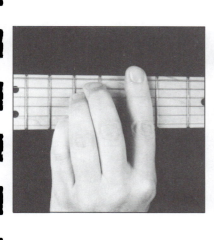

VII

B F# B D G# B

245

Bm7

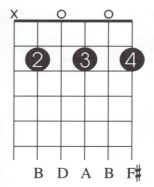

B D A B F#

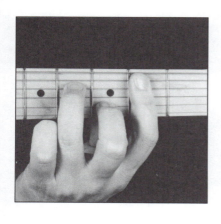

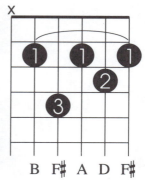

B F# A D F#

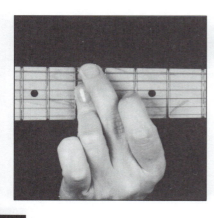

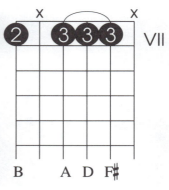

VII

B A D F#

B

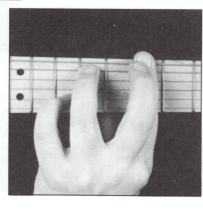

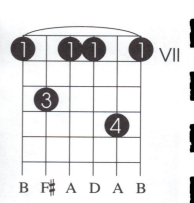

VII

B F# A D A B

Bm(maj7)

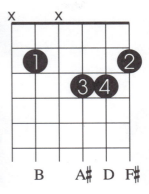

x		x			
	①				②
			③	④	

B　A♯ D F♯

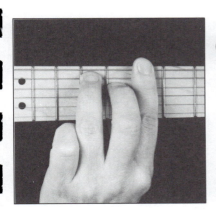

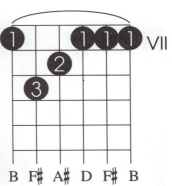

①			①	①	①	VII
		②				
	③					

B F♯ A♯ D F♯ B

Bm9

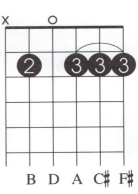

x		o			
	②		③	③	③

B D A C♯ F♯

B

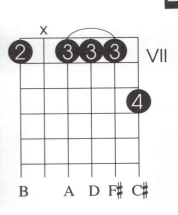

	x				
②		③	③	③	VII
					④

B　A D F♯ C♯

Bm11

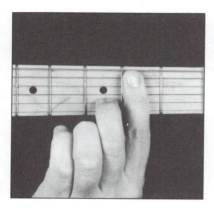

B E A D F#

VII

B E A D F# B

Bm13

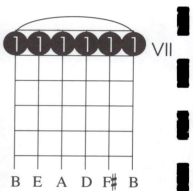

B A D G#

B

VII

B F# A D G# B

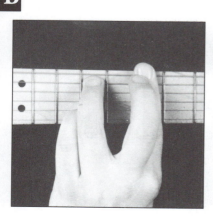

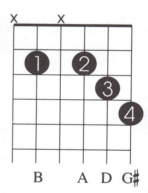

Bm7♭5

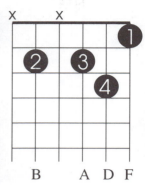

x   x

B   A D F

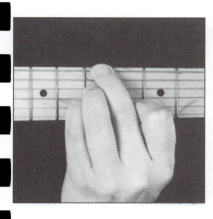

x   x

VI

B   A D F

B°7

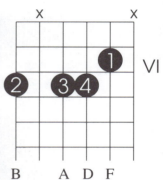

x   x

B F A♭ D

B

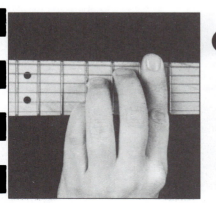
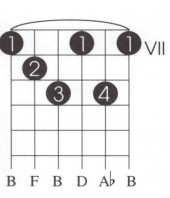

VII

B F B D A♭ B

B7

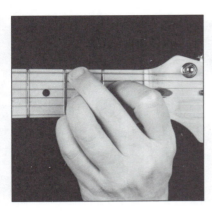

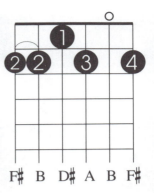

F♯ B D♯ A B F♯

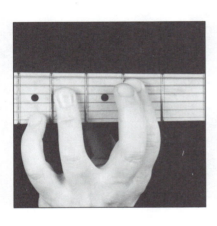

B F♯ B D♯ A

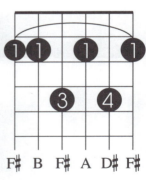

F♯ B F♯ A D♯ F♯

B

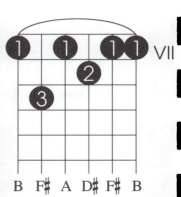

VII

B F♯ A D♯ F♯ B

B7

VII

B F# A D# A B

x   IX

F# B F# A D#

B7sus4

F# B F# A E F#

VII

B F# A E F# B

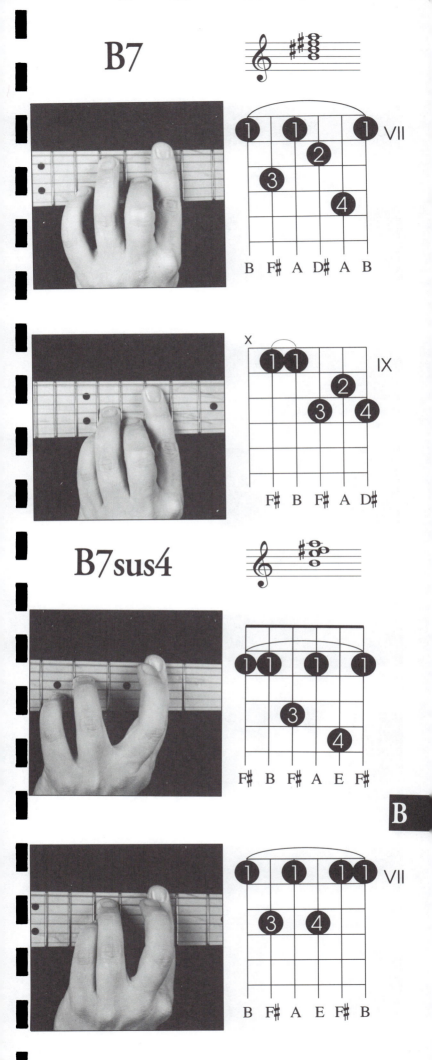

B7♭5

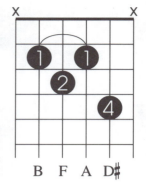

B F A D♯

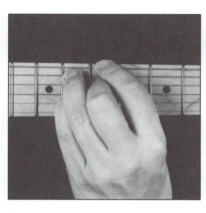

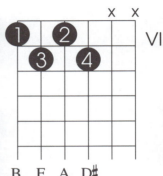

VII

B F A D♯

B7♯5

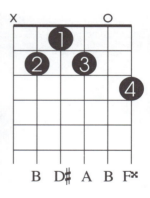

B D♯ A B F✕

B

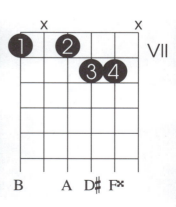

VII

B A D♯ F✕

252

B9

B D# A C# F#

IV

B   A C# D#

VI

B D# A C#

B

VII

B F# A D# F# C#

B9sus4

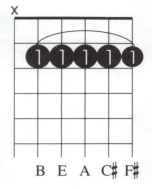

B E A C# F#

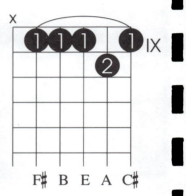

IX

F# B E A C#

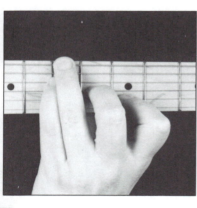

V

B A C# E

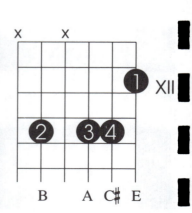

XII

B A C# E

B9♭5

B D♯ A C♯ F

VI

B D♯ A C♯ F

B9♯5

B D♯ A C♯ F✕

VII

B A D♯ F✕ C♯

B

B13

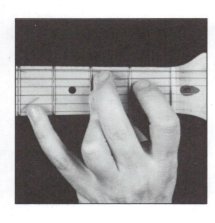

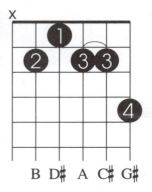

B D# A C# G#

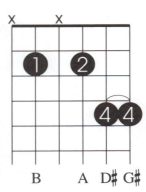

B A D# G#

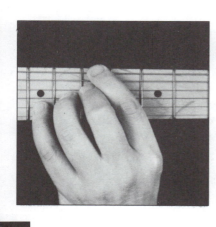

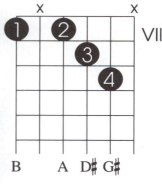

VII

B A D# G#

B

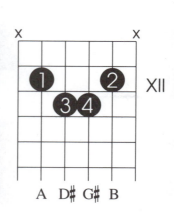

XII

A D# G# B